꿈꿔봐, 눈 맞춰봐,
정말 보여!

꿈꿔봐, 눈 맞춰봐, 정말 보여!

발행일   2022년 9월 27일

지은이   방경태
펴낸이   손형국
펴낸곳   (주)북랩
편집인   선일영   편집   정두철, 배진용, 김현아, 장하영, 류휘석
디자인   이현수, 김민하, 김영주, 안유경, 한수희   제작   박기성, 황동현, 구성우, 권태련
마케팅   김회란, 박진관
출판등록   2004. 12. 1(제2012-000051호)
주소   서울특별시 금천구 가산디지털 1로 168, 우림라이온스밸리 B동 B113~114호, C동 B101호
홈페이지   www.book.co.kr
전화번호   (02)2026-5777   팩스   (02)2026-5747

ISBN   979-11-6836-519-3 03370 (종이책)   979-11-6836-520-9 05370 (전자책)

(주)북랩 성공출판의 파트너

북랩 홈페이지와 패밀리 사이트에서 다양한 출판 솔루션을 만나 보세요!

홈페이지 book.co.kr   •   **블로그** blog.naver.com/essaybook   •   **출판문의** book@book.co.kr

작가 연락처 문의 ▸ ask.book.co.kr

작가 연락처는 개인정보이므로 북랩에서 알려드릴 수 없습니다.

37년차 국어 교사의 '눈높이 교육' 성장기

꿈꿔봐,
눈 맞춰봐,
정말 보여!

방경태 지음

북랩

교단에 선 지 올해로 37년 차다. 길다면 긴 시간이다.

교단에서 긴 시간 학생들을 가르치면서 참으로 많은 일을 했다.

국어, 문학, 독서 등의 교과를 가르치는 일에서부터 학생부, 연구부, 방과 후 활동부, 창의인성부, 국어문화부 등의 업무와 교과교실제, 창의경영학교, 독도지킴이학교, 독서문화선도학교, 에듀테크 선도학교, 인공지능 융합교육 중심학교 등 다양한 프로젝트의 주무를 담당했다.

또 교직에 있으면서 개인적으로는 대학원을 다녔고 학위를 받았다. 7년 6개월 동안 겸임교수 혹은 시간강사로 대학에 출강하기도 하였고, 대전광역시교육청을 비롯하여 한국교육개발원, 한국교육과정평가원, 한국과학창의재단 등과 인연을 맺고 이런저런 미션들을 수행하거나 강의를 하면서 바쁘게 살았다.

지금 생각해 보면 다소 무리한 점도 많았다. 그러나 그때는 그것이 모두 교사로서 참된 교육을 하는 하나의 방법이라 생각했다.

생각할수록 오랫동안 참 잘 견디었고 잘 적응해 왔다고 스스로를 위로해 본다.

교직이 적성에 맞은 것도 같다. 적어도 일을 할 때 힘든 줄 모르고 열심히 해 왔고 내가 일을 찾아서 하기를 즐겼다.

그만큼 성과도 있었다. 특히 학생들과 사제동행 하며 즐기던 이문펜 동아리 활동은 성과가 매우 컸다.

대교문화재단에서 주최하는 '제30회 눈높이교육상'을 비롯하여 사립학교 평교사로서는 보기 드물게 국무총리 표창도 받았고, 이런저런 공적으로 장관상 7회, 교육감상 10회 등을 수상하였다.

모두 학생들을 잘 만나고 교육활동의 장을 활짝 열어 준 학교 덕분이다. 여기에 운도 좋았고 상복도 있었다.

필자는 평소 독서를 기반으로 하는 교육활동을 하면서 학교 교지와 신문, 문집 등을 창간하고 제작하며 입버릇처럼 학생들에게만 평생 독자를 넘어 창조적인 저자 되기를 강조했다.

기회가 있을 때마다 '행복한 오피니언 리더'가 되어 세상의 중심에서 세상과 소통하는 사람이 되어야 한다고 역설했다.

학생들에게 무의식적으로 그토록 강조한 저자 되기는 언제부터인가 필자에게 하나의 버킷리스트가 되었고 미루어 놓은 하나의 커다란 숙제가 되었다.

그러던 중 지금으로부터 10여 년 전 대전일보 NIE논술위원으로 같이 일하던 시묘리 선배가 모 일간지의 교단일기를 써 보라고 권유했다.

필자는 그때 막연하게 꿈꾸었던 일이 실현된다는 마음에 너무 기뻤다. 저자가 되고 싶고 글을 쓰고 싶다는 욕망에 잘 쓰고 못 쓰고를 떠나 그냥 벅찬 기쁨으로 글쓰기에 도전했다.

타고난 재능을 요구하는 문예 글과는 달리 일기와 칼럼 형식의 글인지라 "내가 고민하고 공부하면 나도 잘할 수 있지 않을까" 하는 생각이었다.

그래서 그 후 기회가 있을 때마다 마다하지 않고 열심히 썼다.

그 결과 《중도일보》 교육단상 12편, 《대전일보》 교단일기 4편, 《충청투데이》 투데이춘추, 《충남일보》 교사일기, 《한국일보》 고딩럽 각 1편, 《대전대신문》 교사칼럼 4편, 그리고 《금강일보》 교단일기 30편 등을 썼고, 대전시교육청 《대전교육》 등 교육청 기관지 등에 기사문, 기행문, 사례발표문 등 12편 등을 게재했다. 또 《굿모닝충청》 인터넷 신문 등에 인터뷰 8편 등을 실으면서 예비 저자로서의 길을 걸었다.

글쓰기를 하면서 교단의 생활을 성찰하기도 하고 학교 교육 현장에서의 소소한 교육 문제를 찾아내고 해결방안을 제시하는 한편 사제 간의 따뜻한 소통과 잔잔한 감동을 표현하고자 했다.

글을 쓰는 동안 깨어있고자 노력했고, 많은 성장을 하였다.

학생들에게만 강조하던 글쓰기를 늦게나마 눈높이에 맞게 실천하면서 좀 더 떳떳하고 당당한 교사로 거듭날 수 있었다.

따라서 생애 최초의 단행본인 이『꿈꿔봐, 눈 맞춰봐, 정말 보여!』는 지난 36년간 교육 현장에서의 자아 성찰을 담은 참회록이며 진솔한 교육 에세이이다. 꿈꾸기와 눈 맞추기를 통해 학생과 교사가 함께 성장한 교육 현장의 기록이며, 눈높이 교육자로 거듭난 교사 성장기이다.

교단을 마감한 후에도 글쓰기는 계속할 것이다.

오랫동안 교단에서 학생들을 가르쳤던 교사로서, 최고의 학위를 가진 지성인으로서 삶을 성찰하며 죽는 날까지 품격 있게 글쓰기를 하며 살고 싶다.

눈높이교육상을 수상하면서 스스로 약속했던 것처럼 세상과 눈높이를 맞추며 세상과 교감하며 살고자 한다.

지금보다 더 따뜻하게 더 깊이 있게 눈을 맞추고 서로 사랑하고 공감하며 나누는 눈높이 교육자로 교학상장의 참교육을 실현해 나가고자 한다.

그리고 항시 일상에 충실하고자 한다. 자신을 채찍질하고 자신을 위로하며 나태하지 않고 부지런히 글쓰기로 삶을 반추하며 깨어있는 사람이 되고자 한다.

앞으로의 일들이 열심히 살아 온 지난 나의 삶이 자랑스럽게 되새김 되었으면 좋겠다.

끝으로 교단 36년의 편린을 모은 이 글들이 우리 교단에 조금이나마 위로와 격려가 되어 누군가에게 조금이나마 행복한 보탬이 되길 바란다.

특히 우리 교단을 지켜보는 일반인들에게 교육에 대해 관심을 갖는 계기가 되고 꿈과 희망이 되었으면 좋겠다.

오늘도 교단에 서는 처음 그날처럼 꿈꾸는 행복한 교사로 살아가고 싶다.

2022년 가을의 길목에서

목차 /

PART 1 [교육단상]
창의적 생각 나누기

PART 2 [교육칼럼]
처음처럼, 꿈꾸기

PART 3 [교단일기]
눈 맞추기의 기적

PART 4 [교육만필]
함께하는 꿈

PART 5 [인터뷰]
열린 마음으로

창의적 생각 나누기

창의성 교육과 성적

　'창의적 체험활동'이 교육현장에 도입되며 창의·인성 교육이 교육계의 가장 큰 화두다. 필자는 '창의·인성 컨설턴트 연수'를 남들보다 조금 먼저 받은 덕분에 '동부교육지원청 창의적 체험활동지원센터 컨설팅 지원단'으로 활약했고, 전국연수 모임에서 사례를 발표하는 기회도 얻었다. 그런데 일부 학부모와 교사 혹은 학생들은 "선생님, 창의성 교육을 하면 성적이 떨어지지 않아요?", "인문계 고등학생이 창의적 체험활동 할 시간이 어디 있어요?"라며, 창의성 교육이 대학입시에 도움이 되겠느냐고 의문을 제기했다.

　여러 가지 이유가 있겠지만, 창의성에 대한 개념이 잘못 이해된 탓이라고 생각한다. 창의성에는 새롭고, 기발하고 다소 엉뚱하고 재치 발랄한 것을 생각하는 확산적 사고만 필요한 것이 아니라 어떤 문제를 해결할 때 논리적, 합리적으로 결정하는 수렴적 사고도 필요하다는 것을 간과한 것이다. 진정한 창의성 교육은 학생들의 잠재된 확산적 사고를 끄집어내고 이를 잘 발현할 수 있도록 이끌어 수렴해주는 것이 아닌가 말이다. 창의적 체험활동은, 2009 개정 교육과정이 도입되면서, 지나친 교과 지식 위주의 학교 교육활동에서 벗어나 창의성과 폭넓은 인성교육을 강화하여 창의성과 인성을 조화롭게 갖춘 글로벌 인재를 육성하고자 시행하는 다양한 체험 중심의 교육이다.

그러니까 창의적 체험활동을 포함하는 창의·인성교육은 학교의 일부 영재 등 특정 학생만을 위한 것이 아니라 모든 학생을 대상으로 일상적으로 이루어지는 포괄적인 교육이며, 유아 단계에서부터 종합적으로 함양해야 하는 자질 교육이고, '즐거움, 스스로, 중요한' 등 긍정적 이미지의 미래형 교육이다. 창의적 체험활동은 주 4단위씩 대한민국 고등학생이라면 필수적으로 해야 하는 정규 교육과정이다. 입시를 앞둔 인문계 고등학생이라도 예외일 수 없다. 올해는 고2까지 내년부터는 전면적으로 확대 시행된다.

창의성 부재의 우리 교육현장을 냉철하게 지적한 세계 석학들이 있다. 그들의 이야기는 우리 교육에서 창의·인성교육이 정말로 왜 필요한지 생각하게 한다.

『미래에 집중하라』, 『위대한 미래』 등을 쓴 독일의 마티아스 호르크스(Marthias Horx)는 지난해 12월, 우리나라 모 일간지와의 인터뷰를 통해 지금의 한국 교육으로는 자본주의 위기를 극복하기 어려울 것이라고 지적했다. 그는 "초등학교 때부터 극심한 경쟁을 시키는 한국의 주입식 위주 교육은 자본주의 3.0시대 교육의 우울한 단면"이라고 비판했다.

이에 앞서 『제3의 물결』, 『미래의 충격』 등을 쓴 미국의 앨빈 토플러(Alvin Toffler)는 몇 해 전 "한국의 학생들은 하루 15시간 동안 학교와 학원에서 미래에 필요하지 않은 지식과 존재하지도 않을 직업을 위해 시간을 낭비하고 있다"고 한국 교육의 실상을 지적했다. 이러한 석학들의 말은 한마디로 우리의 학교 교육은 일류대학 진학만을 위한 획일적인 정답 찾기 수업으로, 학생들의 진로와 적성과는 동떨어져 실생활에 활용할 수 없는 죽은 지식 쌓기 교육이라는 것이다.

창의·인성교육은 학생들의 학교 성적을 넘어 이러한 죽은 지식을 살리는 교육이요, 학생 개개인의 미래와 나라의 생존을 위해서 꼭 실시해야 하는 시대적인 요구며 책무다. 빌 게이츠, 스티브 잡스, 안철수, 정주영 등 창의성 발휘로 성공한 이 시대의 멘토들이 현 지식기반사회에서 창의성 교육이 왜 필요한지를 입증한다.

다양한 재능과 능력을 갖춘 우리 학생들에게 다양한 진로를 만들어 주고, 그들이 가진 창의적 재능을 마음껏 발휘할 수 있게 이끌어 주는 것이 우리의 몫이 아닌가. 이제, 나도 구태의연하게 학생들에게 정답을 가르치는 것이 아니라, 새로운 영감과 질문을 던져 주어야겠다.

- 《중도일보》 2012.02.15. 20면

장래 희망 직업

　요즈음 고등학교 1학년 국어를 가르치면서 꿈에 대해 이야기하곤 한다. 교육과정이 바뀌면서 교과서에 인터넷 매체를 통해 자신을 소개하는 글이 있기 때문에, 자연스럽게 수업시간을 활용해 진로에 대해 물어보고 이야기할 기회를 얻은 것이다. 이야기하면서 흥미로운 것은 학급별로 네댓 명 정도의 학생이 교사를 희망하고 있다는 것이다. 특히 여학생 학급의 성적 우수자들은 소위, 'SKY' 대학 못지않게 교육대학교 진학을 선호하고 있다.

　스승의 그림자는 밟지도 않는다는 말은 전설이 된 지 오래다. 교권이 실추되고 공교육을 신뢰하지 못한다고 아우성이다. 그런데도 우리 학생들은 교사를 선호하고 있다. 이를 전적으로 수용하고, 우리 교육의 희망이라고 볼 것인가? 혹시 지역적으로 열악한 환경에 있는 우리 학교만의 일은 아닌가 해서 여러 통계자료를 뒤적였다.

　올해 1월에 교육과학기술부가 전국의 고교생 2,165명과 학부모 1,876명을 대상으로 실시한 2011년 학교 진로교육 현황조사 결과, 고교생들이 선호하는 직업은 교사(11.0%), 공무원(4.20%), 경찰관(4.10%), 간호사(3.90%), 회사원(3.60%) 순이었다. 학부모가 선호하는 자녀의 직업은 공무원(17.8%), 교사(16.9%), 의사(6.8%) 순이었다. 역시 여기서도 교사에 대한 선호도는 아주 높다.

그러나 2010년 말에 발간된 한국직업능력개발원 자료에 의하면, 10년 후 전망 좋은 직업으로 간호사와 생명과학 연구원, 간병인, 응용소프트웨어 개발자, 텔레마케터가 상위권에 포진했다. 교사는 10년 후 전망이 좋지 않은 직업에 랭크되어 있다. 고용 현황 기준으로 초등학교 교사, 대학교수, 우편물 집배원, 중고등학교 교사가 최하위권이다.

우리 학생들이 교사를 선호하는 것이 자신의 적성과 소질을 고려한 것이거나 어떤 소명의식이거나 하는 필연적 이유가 아니라, 미래를 전혀 생각해볼 시간적 여유 없이 입시에 파묻혀 있다가 새벽부터 저녁 늦게까지 매일 보아온 사람이 그저 교사여서 선택한 것이 아닌가 하는 생각을 지울 수 없다. 이런 측면에서 실질적인 체험 중심의 진로교육이 아쉽다. 계속해 학령인구 수가 급격히 줄어들고 있고, 2015년부터 전자교과서가 도입될 예정이다. 학령인구의 감소는 학급당 인원 수 감소로 해결해 위기를 기회로 삼아본다고 하더라도 전자교과서 도입은 지금의 e교과서와는 또 다른 엄청난 파장이 올 수 있다. 아이폰의 변화와 같은 혁신이 교육계에도 일어날 수 있는 여지가 많다.

지금의 주5일 수업제가 전자교과서 도입으로 주2일 등교하고, 주5일 재택학습 하는 날이 현실화될 가능성이 크다. 이런 점을 감안할 때 한국직업능력개발원의 10년 후 직업 전망은 설득력이 있어 보인다. 따라서 학생, 학부모, 교사가 학생의 소질과 적성을 바로 알고 현재와 미래의 다양하고 변화하는 직업세계에 대한 이해를 바탕으로, 미래지향적이고 도전적인 진로 설계를 해야 한다. 그래서 10년 후, 20년 후에도 모두가 행복한 교육계가 되었으면 한다.

그러기 위해서 현재 생활기록부에 있는 장래 희망란은 명사형으로

짧게 적는 것을 좀 더 구체적으로 동사화해 적는 것을 고려해보았으면 한다. 자신이 희망하는 직업들을 동사형 문장으로 구체화하고 그 안에서 공통된 점을 찾아보면 '나는 무엇을 위해 살겠다'라는 자신의 목표 혹은 목적이 설정될 수 있을 것이다. 이제 그것을 장래 희망란에 기입하면 어떨까 조심스럽게 제안해본다. 여러 어려운 점이 있지만, 그래도 우리 학생들이 가장 선호하는 직업이 교사라는 사실이 기분 좋다. 이들에게 모든 면에서 사표(師表)가 되고 진로교육의 새 지평을 열어 주어야 한다는 부담감이 존재하지만.

- 《중도일보》 2012.04.18. 20면

베짱이의 노래

국어 시간에 작가의 개성을 찾는 학습목표로 이상(李箱)의 「산촌여정 (山村餘情)」을 가르쳤다. 산촌의 사물을 보는 도시인의 감수성이 남달리 뛰어나게 표현되어 역시 이상이야 하는 감탄을 하면서 모처럼 문학적 사색에 잠기었다.

특히, 연둣빛 색채로 혼곤한 내 꿈에 마치 영어 'T' 자를 쓰고 군데군 데 언더라인을 해 놓는 베짱이가 유독 많은 생각을 하게 했다. 초등학 교에 다니는 아들이 베짱이에 관련된 반전동화를 읽으며 재미있어하던 기억이 생생하게 뇌리에 자리했기 때문이다.

개미는 겨울을 나기 위해 열심히 일하며 식량을 비축하고 집을 지은 반면에, 베짱이는 일하는 개미들을 한심하게 지켜보며 열심히 연주와 노래만 하다가 결국 겨울에 배고픔과 추위를 이기지 못하고 죽고 말았 다는 '개미와 베짱이'는 모두가 아는 동화다. 개미처럼 어려울 때를 대 비해 부지런히 일을 해야만 걱정 없이 살 수 있고, 베짱이처럼 놀기만 하면 죽게 된다는 개미 지향적 이야기다.

그러나 반전동화는 겨우내 고생한 베짱이가 정신을 차리고 여름 내 내 일만 한다. 물론 개미들도 일만 한다. 하지만, 개미와 베짱이는 모두 즐겁지 않다. 베짱이는 본인들이 즐거워하는 연주와 노래를 못했고. 개미는 그 즐거운 연주와 노래를 듣지 못했기 때문이다. 이를 깨닫고 그 이후 역할을 분담해 개미는 일하고 베짱이는 그가 잘하는 연주와 노래를 하며 모두 행복하게 살았다는 것이다.

개미가 베짱이에게 "한여름에 들리는 너의 노랫소리가 듣기 좋더라. 하지만, 일도 열심히 해야 한단다. 미리 준비를 하지 않으면 추운 겨울에 고생할 거야" 하면서 같이 열심히 일하자는 편지를 보낸다. 이에 베짱이가 개미에게 "너의 말대로 추운 겨울을 준비하려면 여름에 열심히 일해야 한다고 생각해. 그리고…, 노래 부르는 것도 일하는 것만큼 소중하고 중요한 일이 아닐까. 그래서 나는 앞으로 기쁜 마음으로 즐겁게 노래를 부를 거야. 너에게도 좋은 노래를 많이 들려줄게"라고 답장한다. 어린이들의 동화를 넘어서는 감동적인 교육 그 자체다.

'개미와 베짱이'를 읽는 혹자는 그 후일담으로 무식하게 일만 하던 개미는 신경통, 관절염으로 병원에 다니다가 그동안 벌었던 돈을 다 써버려 가난해졌고, 노래만 하던 베짱이는 아이돌이 되어 코스닥에 상장했다고도 하고, 다른 혹자는 현대의 부익부 빈익빈의 현상을 풍자한 이야기로 패러디해 회자하기도 한다. 또 다른 혹자는 과학적인 근거를 들어 여름철에 열심히 일만 하는 것으로 알려진 개미는 철저하게 역할이 분업화된 생활을 해 80%의 일개미는 노는 반면에, 베짱이는 독립생활을 해 생존과 개체 번식을 위한 모든 문제를 혼자서 해결해 개미보다 더 힘든 생활을 한다고 전한다.

그뿐만 아니라 동화 속 베짱이의 연주와 노래는 자신의 개체 유전자를 세상에 남기기 위한 생존의 처절한 절규라고 한다. 한편, K-POP의 어떤 걸 그룹은 '베짱이 찬가'를 불러 대중의 주목을 받기도 했다.

이렇게 '개미와 베짱이' 이야기를 하면서 새삼 느끼는 것은 확실히 시대가 변했다는 것이다. 일 잘하고, 성실하고, 말 잘 듣고, 끈기 있고, 따라하는 팀플레이에 능한 개미 같은 사람이 일방적으로 대우받는 시대는 간 것 같다.

스스로 알아서 자기 일하고, 순발력 있고, 말 잘하고, 유머 있고, 안목 높고, 창의력 뛰어나며, 함께 팀워크를 이루어가는 새 시대의 새로운 인물을 요청하고 있는지도 모르겠다. 그렇다고 개미 혹은 개미의 덕목이 필요 없다는 것은 아니다.

현재 우리의 바람은 개미와 베짱이 모두가 각자 좋아하는 일을 찾고 즐기면서 더불어 살아가는, 모두가 행복한 사람이 되어야 한다는 것이다.

-《중도일보》 2012.05.02. 20면

스토리텔링

요즈음 교육계에 스토리텔링(storytelling)이 화두다. 올해 벽두부터 교육과학기술부에서 수학교육선진화 방안을 제시하면서 그 대책의 하나로 스토리텔링을 가미한 교과서를 개발하겠다고 발표했다. 입시를 위한 문제 풀이 위주의 수학교육을 기본 개념과 원리에 충실하여 생각하는 힘을 키우는 수학으로 쉽고 재미있게 바꾸자는 것이다. 그리고 수학시간에 전자계산기를 허용하는 문제도 긍정적으로 검토한다고 한다.

그럼 스토리텔링이란 무엇인가. 스토리텔링은 글자 그대로 '이야기하기'다. 그러나 최근에는 그 쓰임에 따라 청자가 화자의 이야기에 참여하는 것을 포함하는 더 넓은 의미가 있기도 한다.

어떤 사람은 스토리텔링은 본래 게임이나 판매 영업, 브랜드 홍보 등에 주로 쓰이는 기법인데, 이것을 이제야 교육에 적용하는 것이라고 폄하한다. 그러나 스토리텔링의 원리나 성격을 알지 못했어도 스토리텔링을 활용해 상대를 공감시키고 감화시키는 교육을 우리는 이미 아주 오래전부터 해왔다. 어린 시절 할머니, 할아버지들로부터 구전되는 옛날 이야기 즉 신화, 전설, 민담 등을 들으며 감동하지 않았던가. 이처럼 우리는 우리 자신에게 일어난 이야기를 다양한 방식으로 하고 싶어 하고, 또 나와는 다른 사람들의 다른 이야기를 듣고 싶어 한다.

이렇게 유서 깊은 스토리텔링은 현대의 입시에서도 아주 중요한 핵심이다. 서울대학교가 2013학년도부터 수시모집에서 입시 정원의 80%를 뽑고 입학사정관제 전형을 확대한다고 발표했다. 뿐만 아니라 우리나라의 고입과 대입 모두 앞다투어 입학사정관제 전형을 확대하고 있다. 그런데 입학사정관제는 교육 정책에 의해 명칭은 바뀔 수 있지만, 그 기본 방향은 그대로 유지된다는 것이 교육 전문가들의 의견이고, 그 입학사정관제에서의 중심에 자신을 표현할 수 있는 스토리텔링이 자리한다. 입학사정관제는 과정을 중요하게 생각하는 입시 전형으로 성적뿐만 아니라 자기소개서, 추천서, 학업계획서, 포트폴리오 등을 중시한다. 따라서 이것들에 신뢰를 줄 수 있는 오직 나만의 스토리텔링이 필요하다.

대학은 현재 잠재력이 뛰어나고, 지원 동기가 분명하며 진로계획이 구체적인 사람을 원한다. 따라서 자신이 앞으로 발전할 가능성이 크다고 하는 것을 서류와 면접을 통해 진솔하게 스토리텔링 하는 것이다. 나만의 스토리텔링이 화려한 스펙을 이긴다. 상대에게 신뢰를 주는 가장 빠른 것이 개인의 역사(history)를 숨김없이 보여 주는 것이다. 그 역사는 바로 그의 스펙(his spec)이 아니라 그만의 이야기(his story)다.

김부식의 『삼국사기』와 일연의 『삼국유사』는 사람들이 원하는 스토리가 무엇인지를 보여준다. 전자는 삼국의 정사라고 평가되고 후자는 삼국시대의 야사라 불리지만, 전자는 보물 525호로 후자는 국보 306호로 지정됐다. 개인의 스토리를 중시한 후자가 왕과 귀족 등 당시 유명인사의 스펙으로 가득 찬 전자를 제친 것이다. 이렇듯 스토리텔링에 대해 관심이 높아진 것은 우리 삶의 환경이 근본적으로 변했기 때문이다. 컴퓨터의 발달과 디지털 기반 기술, 사회적 네트워크 미디어, 모바

일 기기의 생활화 등 문화적, 사회적 환경이 하루가 다르게 기계화, 첨단화될수록 인간적인 공감과 감동이 필요했다. 어쩌면 현대가 디지로그(Digi-log)적인 삶을 요구하는지도 모르는 일이다. 오늘부터라도 나는 부끄러움 없는 나만의 역사를 써야겠다. 나의 숨겨진 잠재력을 찾고 개발해 감동적인 스토리를 지닌 더 큰 사람으로 거듭나야겠다.

- 《중도일보》 2012.06.13. 20면

│ 질문하기 공부

　요즈음 교사들은 교사 나름대로 무척 바쁜 나날을 보내고 있다. 전문 교과를 가르치는 일 외에도 학교평가, 교원능력평가, 교실수업개선, 학교폭력 예방 등을 하면서 할 일이 수북하게 쌓여 있다. 갈수록 시간에 쫓기고 바쁘게 평생 학습해야 함을 실감한다.

　교사들에게 요구하는 대부분의 연수는 충분한 교재준비를 통해 수업시간에 학생들에게 창의적 사고력을 확산시키는 발문을 강조한다. 학교 교육을 통해 수많은 기존의 정보를 토대로 새로운 문제를 성공적으로 해결할 수 있는 능력을 길러주어야 한다는 것이다. 이점은 적극 공감하고 또 그 필요성을 느낀다.

　교사들에게 이러한 발문을 연수하는 것처럼 이제는 우리 학생들에게 질문하는 방법을 가르쳐야 한다고 주장하고 싶다. 학생들의 질문은 학습에 대한 관심의 표명이며 두뇌를 살려내는 일이고 학습의 발전 가능성을 보여 준다는 점에서 질문하기 공부가 무척 중요하기 때문이다.

　교사들은 학생들의 질문만을 듣고도 그 학생의 공부 깊이를 가늠할 수 있다. 씨름 선수가 샅바만 잡아 보아도 상대의 실력을 알 수 있는 것과 같다. 그래서 교사들은 그 교재의 내용을 충분히 아는 상태에서 학생들의 사고력을 신장시키고 아는 것을 확인하기 위해 묻는 발문을 하는 데 반해, 학생들 대부분은 교재의 내용을 잘 모르는 상태에서 궁금증을 묻는 질문을 한다.

주지하다시피 유대인 자녀 교육법 『탈무드』에 따라 유대인 학부모는 학교에서 돌아온 아이에게, "오늘 질문 몇 번 했니?" 하고 묻는다고 한다. 반면에 우리나라 학부모는 "오늘 몇 점 받았니?"라고 묻는 것이 대부분이다. 우리나라 학부모들이 학습의 결과인 '점수'에 목매고 있다면, 그들은 학습의 과정인 '질문'을 중요시하는 것이다. 또 『탈무드』에는 "낯선 고장에서 집을 찾으려고 할 때 열 번 물어보는 것보다 한 번 헤매는 것이 더 나쁘다"고 한다. 모르는 일이 있으면 누구에게든 계속 물어서 알고 싶은 일을 알아야 함을 강조한다.

그런데 우리는 모르면서도 질문을 하지 않는 학생들이 많고, 질문을 한다고 하더라도 단순히 어려운 어휘 문제나 지엽적인 내용이 대부분이다. 새로운 유형의 문제가 나오면 스스로 풀어보고 해결하려는 노력 없이 "이런 문제는 어떻게 풀어요"라며 어려움만을 호소하기 일쑤다.

개별적으로 한 학생과 오랜 시간 질문을 주고받을 수 없는 현 상황에서 교사로서 조금 욕심을 부린다면, 어떤 내용의 문제든 학생이 먼저 자기 주도적으로 책을 읽거나 문제를 풀어보고 고민해보고 "나는 이렇게 생각하는데 책은 이렇게 나와 있어요. 잘 이해가 안 돼요. 왜 그런지 설명 좀 해주세요"라고 질문하면 어떨까. 또 책이나 문제지에 여분을 이용해서 궁금증을 그때그때 적어 두거나, 여분이 없으면 포스트잇을 활용해 질문할 내용을 적어 두면 어떨까.

일찍이 질문의 중요성을 인식한 어떤 이는 교실 수업에서의 질문 방법에 따라 수업의 등급을 나누기도 했다. 교사가 질문하고 교사 본인이 스스로 답하는 수업은 최하급 수업이고, 교사가 질문하고 학생들이 답하는 수업은 조금 발전한 수업이고, 학생들의 질문에 교사가 답하는 수업은 바람직한 수업이고, 학생이 한 질문에 다른 학생이 답하는 수업이 최상급 수업이라 한다. 창의 인재 육성과 교실수업 개선을 위한 현대 교육의 전환기에서 새삼스럽게 기원전 5세기 때의 소크라테스의 산파술이 더욱 의미 있게 다가오는 것은 무슨 까닭일까.

- 《중도일보》 2012.09.19. 20면

창의적 소통

지난 17일 동아리 학생들을 인솔하고 일산 KINTEX에서 개최된 제2회 대한민국 창의체험 페스티벌에 다녀왔다. 작년부터 교육과학기술부가 주최하고 과학창의재단이 주관하는 이 대회는 교육과정에 창의적 체험활동이 편입되면서 동아리활동의 우수 사례를 발굴·확산하여 창의·인성교육의 바람직한 방향을 제시하기 위해 전시, 체험, 공연, 경연 등을 한자리에서 펼치는 전국 단위 청소년동아리 축제의 장이다. 학교에서 NIE를 기반으로 하는 IMUN-PEN 동아리 지도를 맡은 필자는 지난해 대회에 참가하여 전시체험 부스를 2개 운영한 경험이 있다.

올해 대회에는 '크리에이티브 스피치'에 참여해 6명의 동아리 학생들이 교육과학기술부장관상을 받는 기쁨을 누렸다. 올해에 처음 시행된 '크리에이티브 스피치'는 창의적 소통이라는 대회 주제와 가장 걸맞으면서도 다소 생소한 느낌이 들었다. 그것은 이 대회가 우리나라 처음으로 TED 강연 방식을 도입했기 때문이다. 이는 TED 강연 방식을 통해 학생들이 의견과 근거들을 논리적으로 제시하고 자유롭게 발표함으로써 쟁점들에 대한 올바른 문제의식과 창의적인 문제해결을 위한 다각적인 관점을 갖게 하고, 가치 탐구 능력을 신장시키는 기회를 제공하자는 뜻이다.

'크리에이티브 스피치'에서 채택하고 있는 TED는 1984년부터 정기적으로 기술, 오락, 디자인에 관련된 강연회를 개최하는 미국의 비영리 재단 이름이자, TED 강연을 이르는 말이다. TED는 우리나라에도 TED란 형식으로 각 지역에서 독자적인 강연회를 개최하며 '세상을 바꿀 아이디어, 널리 퍼뜨릴만한 가치 있는 아이디어'를 공유하고 있다. 뛰어난 아이디어를 지닌 사람들이 무대에 올라 18분 동안 자신의 이야기를 창의적으로 자유롭게 들려주는 형식으로 진행되며 모든 강연은 TED 홈페이지를 통해 다시 볼 수 있다. 이번 대회에서 우리 학생들은 각자의 진로와 관련시켜 '개미와 인간'과의 닮은 점을 중심으로 하나의 사물을 보더라도 각자의 입장과 시각에 따라 다르다고 하는 것을 프레지(prezi)를 통해 6인 6색을 들려주었다.

수학 선생님을 꿈꾸는 찬모는 개미도 인간과 같이 수학적 계산능력이 있다고 강조했다. 시력이 퇴화한 개미는 태어날 때부터 걸음의 수를 머릿속으로 셀 수 있는 수학적 계산능력을 갖추고 있어 먹이통으로부터 먹이까지 가는 데 걸리는 걸음 수를 세서 다시 먹이통으로 돌아온다는 것이다. 디자인을 꿈꾸는 정은이는 개미의 페로몬에 주목하고 자신이 디자인한 브랜드 제품에 고유한 향기를 갖도록 하겠다는 아이디어를 발표했다. 사회적 기업가를 꿈꾸는 준태는 하나의 군락을 만들어 서서히 세력을 확장하여 거대한 군락을 만들고 사회생활 하는 개미가 정보사회를 살아가는 우리 인간들과 별반 다르지 않다고 보고 거대한 파급력을 가진 집단지성의 중요성을 역설했다.

전문비서가 꿈인 유리는 영화 〈악마는 프라다를 입는다〉를 개미의 조직생활과 비교했고, 문학 비평가가 꿈인 지예는 여왕개미의 새끼들에 대한 헌신적인 희생이 인간의 모성애와 닮은 점을 찾았다. 영화감독이 되고 싶은 채은이는 1억년 전부터 강인한 생명력과 적응력을 가지고 사회생활을 하면서 인간과 함께 살아온 개미와 인간의 세계를 영화화해보고 싶은 소망을 전했다. 그동안 학교에서 진행하였던 웅변대회, 나의 주장 발표대회, 토론대회 등의 말하기 경연을 진일보시켜 학교에서도 지식 콘서트형 TED 경연대회를 개최해보면 어떨까.

이제 일상의 사소한 이야기라 할지라도 거기에서 소중한 깨우침과 함께 다른 사람에게 도움이 될 만한 가치를 찾고 서로 공유하는데 앞장서야겠다. TED를 통해 창의적 소통으로 새 시대를 이끌 글로벌한 융합 인재가 육성되길 기대한다.

- 《중도일보》 2012.11.28. 20면

돈, 그리고 품위 있는 삶

얼마 전에 소유의 본질과 진정한 사랑의 의미를 주제로 하는 이강백 선생의 「결혼」이라는 희곡을 공부하면서 학생들과 결혼의 조건에 대해 이야기를 나누었다. 그런데 놀라운 것은 남학생이든 여학생이든 모두가 "돈이요. 돈이 많으면 모든 것이 다 해결될 수 있어요"라고 천편일률적으로 답했다. 인격, 가치관, 가문, 명예, 문화, 성격, 학벌, 직업 등이 문제되지 않는단다. 돈만 있으면 외모도 고칠 수 있고, 돈만 있으면 능력도, 환경도, 학벌도 바꿀 수 있다는 것이다. 꿈과 희망으로 넘쳐야 할 고등학교 교실에 황금만능주의의 답변이 넘쳐나고 있는 것이다.

그렇다고 필자는 여기서 결혼의 조건을 논의하고자 하는 것이 아니다. 이러한 현상을 어떻게 보아야 할 것인가? 혹시 열악한 교육환경 속에서 공부하는 우리 학생들만의 생각인가 하여 여러 자료들을 들춰 보았다.

교육과학기술부가 지난해 12월 27일 발표한 전국 초·중·고 학생 2만 4126명을 대상으로 실시한 '2012 학교진로교육 지표조사' 결과에 따르면, 청소년들의 52.5%가 '삶을 살아가면서 추구하고 싶은 것'을 돈이라고 답했다.

같은 달 한 취업포털 사이트가 밝힌 '대학생 아르바이트 현황'에 따르면, 대학생들이 아르바이트를 하는 가장 큰 이유가 '용돈 마련'(40.4%)라고 했다. 돈에 대한 생각이 우리 학생들만의 문제가 아니라 우리나라 모두의 문제라는 점에서 더 안타깝고 씁쓸하였다. 지금 대한민국 초·중·고·대 학생들은 모두 돈에 매몰되어 있는 느낌이다. 언제부터 인가 심부름 하나를 해도 심부름 값을 요구하고, 내 구역이 아닌 다른 구역 청소를 하면 그에 대한 상점(賞點)이나 아이스크림 등의 대가를 요구한다. 그럼 우리 어른들은 어떠한가? 어른들 역시 매사에 돈, 돈 하고 있다. 지난해 10월 SNS를 뜨겁게 달궜던 '중산층 기준'이 이를 잘 대변해준다. 우리나라의 중산층의 기준은, 빚 없이 30평대 아파트에 살고, 월급이 500만 원 이상이어야 하며, 자동차는 2000cc 이상을 소유해야 하고, 예금 잔액은 1억 원 이상이 있어야 하며, 해외여행을 매년 1회 이상 할 수 있어야 한다.

이에 반해 영국의 옥스퍼드대에서 제시한 중산층의 기준은 독선적으로 행동하지 않으며, 약자를 두둔하고 강자에 대응하며, 페어플레이할 것에 주안점을 두고 있어야 한다. 미국의 공립학교에서 가르치는 중산층의 기준은 자신의 주장에 떳떳하고, 사회적인 약자를 도와야 하며, 부정과 불법에 저항하는 것이 포함된다.

퐁피두 대통령이 'Qualite de vie'에서 정한 프랑스의 중산층의 기준은, 직접 즐기는 스포츠가 있어야 하고, 다룰 줄 아는 악기가 있어야 하며, 남들과는 다른 맛을 낼 수 있는 요리를 만들 수 있어야 하고, 약자를 도우며 봉사활동을 꾸준히 해야 중산층의 범주에 들어간다.

돈과 물질에만 치중한 우리나라의 중산층 기준과는 달라도 너무 다르다. 두어 칸 집에 두어 이랑 전답이 있고 겨울솜옷과 여름베옷이 각두어 벌 있고, 서적 한 시렁과 거문고 한 벌이 있고, 의리를 지키고 도의를 어기지 않으며 나라의 어려운 일에 바른말 하며 살고자 했던 옛 선비들의 생활이 오히려 세계적인 기준과 견줄 수 있는 품위 있는 중산층의 표상이 아닌가 싶다. 탈무드의 이야기처럼 쓸 수 있는 돈을 가진 것은 좋은 것이다. 그러나 이것을 바르게 쓰는 법까지 알고 있으면 더욱 좋다. 돈은 쓰기에 따라 좋을 수도 있고 나쁠 수도 있다. 돈 그 자체에는 아무런 책임이 없다. 돈은 인생에 많은 기회를 만들어 줄 뿐이다. 이제 돈을 정당하게 벌어서 바르게 사용하는 방법을 배우고 가르쳐야 할 때이다. 그래서 돈만 아는 졸부로서의 삶이 아니라 서로 나누고 베풀며 살아가는 행복하고 품위 있는 삶을 살도록 해야 한다.

- 《중도일보》 2013.01.09. 20면

기초기본이 충실한 교육

지난달 24일부터 4박 5일간 교육과학기술부와 한국과학창의재단에서 주관하는 '2012학년도 자율형 창의경영학교 우수교원 해외연수단'에 선발되어 일본 도쿄지역 우수학교와 교육 관련 각종 기관을 탐방했다.

사실 예정된 연수이기는 했으나 연수 바로 전에 일본이 국가적인 차원에서 '독도의 날' 행사를 열어 양국 간의 신경전이 최고조에 달해 다소 걱정도 했다.

일본은 이렇듯 우리에게 가깝고도 먼 나라다. 그런데 일본의 어느 학교 어느 기관을 방문해도 공통적으로 느끼는 것은 모두가 친절하고 한결같이 환경이 깨끗하며 정리정돈 잘 되어 있다는 점이다. 어느 거리든 휴지 하나 담배꽁초 하나 찾아보기 어렵다. 우리 방문객을 대하는 일본 학생들과 교사들의 밝게 인사하는 모습을 아직도 잊을 수 없다. 고사리손으로 '안녕하세요. 환영합니다'를 한글로 써 놓기도 하고, 우리 방문객을 위해 탁자에 무궁화 꽃을 꽂꽂이 해 놓기도 하고, 태극기를 준비해 양국의 우호에 관심을 표하기도 했다. 그리고 어느 기관이든지 역사와 전통을 소중히 여기는 점도 본받을 일이라 생각했다.

일본교육에서 우리가 배워야 할 것은 기초기본에 충실하고 실용적이라고 하는 점이다. 여기에서 노벨상을 18명씩이나 배출한 저력이 생긴 것은 아닌가? 초등학교에서의 사과깎기 수업과 주산 수업, 중학교 학생들이 졸업전시회를 하기 위해 공동으로 작품을 만드는 광경 등은 우리에게 시사하는 바가 크다. 'No Chime Day(수업종 안 울리는 날)'를 지정해 스스로 시간관념을 세워서 생각하고 시간을 엄수하는 습관을 갖게 함으로써 주체적으로 행동할 수 있는 학생을 양성하는가 하면, 바람직한 직업관을 배양하기 위한 3~4일간의 직장체험학습을 운영해 실질적인 진로교육을 실시하고 있었다. 또, 교사는 안내자가 되고 학생이 주도적으로 수업에 참여하는 학생 중심, 배움 중심 교육이 시스템으로 정착되어 있는 것 같았다.

그러나 일본 교육이 요즈음 우리나라 교육계의 화두인 창의·인성교육이 특별히 잘 프로그램화되었다든지 시설 면에서 우리보다 크게 앞서간다고 생각하지는 않았다. 한 학교에서는 단초점 빔 프로젝트 시설을 선진화 교구재로 우리에게 자랑하기도 했다. 그런데 이미 우리는 단초점 빔 프로젝트보다 더 사양이 앞서는 전자칠판을 쓰고 있지 않던가?

선진국 일본 방문을 통해 우리 교육의 선진화와 발전의 모습을 되돌아 볼 수 있었던 것은 또 다른 하나의 큰 소득이었다. 교과교실제와 창의경영학교 운영 등을 통해 시설이나 프로그램 면에서 선진국이라 할 수 있는 일본에 결코 뒤지지 않는다는 점을 확인하였다. 그런데도 우리의 교육이 선진국들에 비해 무엇인가 1% 부족한 것 같은 느낌이 여전한 것도 사실이다. 우리의 좋은 시설과 좋은 프로그램이 좀 더 내실 있게 배움 중심 명품수업으로 정착시키는 문제가 하나의 숙제라 할 수 있다.

교사는 가르치는 전문가에서 배우는 전문가가 되어야 한다고 한다.

일본의 교육학자 사토 마나부는 21세기 학교를 '배움의 공동체'로 정의했다. 학교는 학생들만이 배우는 곳이 아니라 교사들도 동료와 함께 배우면서 전문가로 거듭나고 지역주민, 학부모 나아가서는 교육행정가와 함께 배우면서 서로 성장하는 장소로 재구축해야 한다는 것이다. 그래서 교사는 교사가 되고 나서 '현직 교육'에 의해 성장하고 교육현장을 통해 비로소 진정한 교사가 되는 것이다.

이제, 우리 교육에 대한 자긍심을 갖고 우리가 계획하고 있는 창의·인성교육, 진로교육, 학생맞춤형교육, 지역사회연계 교육 등을 구체적이고 체계적으로 기초기본이 충실하게 실현해야겠다.

- 《중도일보》 2013.03.20. 20면

두 편의 편지에 대한 상념

지난 5월 제자들로부터 받은 편지 중 두 편의 편지가 많은 것을 생각하게 한다.

지난 스승의 날을 전후하여 재학생들이 쓴 편지 중 하나는 "선생님을 볼 때마다 생각해요. 나도 나중에 선생님처럼 능력 있는 선생님이 되고 싶어요"라는 것이었고, 또다른 하나는 "선생님 덕분에 새로운 진로가 생겼고, 더 큰 꿈을 가지게 되었어요"라며 고맙다는 내용이었다.

이 편지를 쓴 친구들이 모두 기대가 촉망되는 본교의 기린아들이란 점을 떠나서라도, 이들이 필자에 대한 무한한 관심과 신뢰를 갖고 있었다는 점에서 잃었던 보물이라도 찾은 듯 고맙고 기뻤다.

또 두 학생 모두 필자로 인하여 인생의 진로를 바꾼 학생이라는 점에서 교사로서의 책무감을 무겁게 했다.

전자는 필자와 진로 관련 상담을 한 번도 하지 않았음에도 불구하고, 고등학교 입학 초 영문학 교수를 목표를 했다가 2년 동안 필자와 동아리 활동을 하면서 언제부터인가 필자와 같은 국문학을 전공 하겠다고 진로를 바꾼 학생이다. 편지를 받고 생각해보니 필자로 인하여 진로를 바꾼 것 같은 생각에 무거운 책임감과 함께 새로운 희망과 과제를 던져주었다.

그리고 후자는 1학년 때 필자에게 교사가 희망이라 하여 미래의 전망과 유망 직종 등에 관한 통계까지 뽑아가며 오랫동안 토론한 끝에 간호사로 진로를 바꾼 사례다. 내 말을 믿고 인생의 진로를 바꾼 이 학생이 1년이 지난 오늘, 고맙고 감사하다고 편지를 하니 교사로서의 가슴 뿌듯함과 함께 무엇인가 나도 모를 깊은 책임감이 엄습했다.

사회의 변화 속에서 교사들에 대한 사회적 인식이 달라지지 않았던가? 지금은 스승의 말씀이 곧 진리요 법이었던 전설 같은 시절이 아니다. 스승에 대한 존경심으로 그림자조차 밟지도 않던 그 시절이 아니라 교권이 땅에 떨어져 있지 않던가? 학교폭력이 갈수록 도를 넘고 있고, 심지어 요즈음은 학생이 교사를 폭언·폭행하는 일까지 일어나고 있다고 한다.

정당한 교육활동, 즉 잠을 깨우거나 과제 및 수업준비 상태를 점검하고, 용의검사를 할 때에도 눈을 부라리고 못마땅한 표정을 짓는 행위로 교권을 넘보는 학생들이 많아 교육현장이 황폐화되고, 교사들의 사기를 저하시키고 있다.

그래서 급기야 정부 당국에서는 '교권보호 종합대책'까지 내어 놓은 실정이다. 안타깝게도 이제 교사는 법으로부터 보호를 받아야만 하는 시대가 되었다.

이렇게 교권 상실의 시대이기는 하지만 그래도 교사의 권력은 막강하고 그 책무는 끝이 없다. 교사는 앞길이 구만리인 우리 학생들의 교과 성적뿐만 아니라 인생 진로까지 좌지우지 하고 또 그들의 면면을 평가하여 한평생 그들의 어깨에 짊어지게 하지 않던가?

이문열의 『우리들의 일그러진 영웅』을 들먹이지 않더라도 학급의 담임은 그 학급에서, 교과 담당 교사는 그 교과시간에 각각 막강한 영향력을 행사하고 있는 것이 사실이다. 이런 시대 상황 속에서 하나는 나의 학교생활을 보고, 또 다른 하나는 나의 진로지도로 각각 인생 진로를 바꾸며, 필자에게 교사로서의 새로운 희망과 책임감은 던져 준 이들 모두가 후회 없는 선택이었기를 간절히 기도한다.

끝으로 두 편지를 읽으며 나를 지켜보는 눈이 참 많고도 다양하다는 생각을 한다. 그래서 교사는 가르치는 것뿐만 아니라 몸가짐 하나까지도 교사다움을 잃어서는 안 된다는 생각에 마음을 다시 추스른다. 그러면서 이 시대의 교사상으로 '카리스마 있는 교사'를 생각해본다.

교과에 대한 전문지식을 갖추고, 수업에 열정이 있는 교사, 학생들과 공감하면서 정통성 있고 권위 있는 교사, 그래서 그의 뒷모습까지도 보고 배우며 존경하고 싶은 이 시대의 진정한 사표가 될 수 있는 교사를 꿈꾸어 본다.

- 《중도일보》 2013.06.11. 20면

즐기는 동아리 활동

고등학교에 창의적 체험활동이 시작된 지 벌써 3년이 되었다. 대학 수시 입학원서를 쓰면서 느꼈던 것은 창의적 체험활동을 하면서 학생들에게 예전보다 얘깃거리가 더 많이 생겼다는 것이다. 좀 더 지켜보아야 할 일이지만 '이야기의 종결자가 미래를 지배한다'는 말을 믿는다면, 이는 수능 20년 동안에 17번씩이나 제도를 바꾸는 것처럼 변덕이 죽 끓듯 하는 우리 교육계에 모처럼 괜찮은 결정이 아니었는가? 잠정적으로 조심스런 평가를 해본다.

입시의 당락을 떠나 자율, 동아리, 봉사, 진로활동으로 인하여 학창 시절에 잊지 못할 이야기를 하나씩이라도 더 간직했다면 그래도 그것은 성공했다고 할 수 있지 않을까? 동아리 활동 매뉴얼도 있고, 연간 계획서도 있지만 매주 동아리 활동 시간이 올 때마다 '이번 시간에는 또 뭐하지?'라고 고민하는 선생님들이 있는 것도 사실이다.

그런데 필자는 정말로 동아리 활동 시간이 재미있다. 동아리 부원들이 서로 비슷한 취미나 진로를 가지고 있어 교과 공부 이외에 가장 편안하고 자연스럽게 소통할 수 있는 시간이기 때문이다. 그리고 일 년에 적게는 두세 개의 프로젝트를 설정해 놓고 이를 실행하다가 보면 시간이 모자라 교육과정에서 정해준 시간 외에도 만나게 된다. 방과 후 별도의 만남은 누가 시켜서 억지로 하라면 절대 못할 일이다. 이는 학생과 교사가 서로의 필요에 의해서 만나 토론하며 즐기기 때문에 가능하다.

지난 8월, 한국교원대학교에서 펼쳐진 '2013 온드림 서머스쿨'은 동아리 활동의 진면목을 보여 주었다. 입시를 앞둔 우리나라 고등학생들에게 너나할 것 없이 동아리 활동할 절대 시간이 부족하다. 그럼에도 불구하고 동아리 부원들 스스로 여름방학 때부터 보충수업이 끝나면 자율학습 후에 모여서 곡을 선정하고 안무를 짰다. 서로가 서로에게 멘토가 되어서 다른 선생님들의 눈을 피해, 빈 교실에서 혹은 화장실 거울 앞에서, 열정을 가지고 연습했다.

그리고 마감 시한을 하루 앞둔 전날 밤, 밤늦게까지 촬영을 마친 몇몇 친구들과 밤을 지새우며 편집을 하고 간신히 접수를 마쳤다. 그리고 전국에서 온 80여 개 중고등학교 동아리 앞에서 춤과 노래가 같이 어우러진 멋진 공연으로 갈채를 받았다. 필자는 물론이고 우리 학생들도 모두가 가슴 벅찬 감동을 느꼈다. 바보는 천재를 이길 수 없고, 천재는 노력하는 자를 이길 수 없고, 노력하는 자는 즐기는 자를 이길 수 없다는 말을 실감케 했다. 그래서 그 어느 시인처럼 필자에게도 지난여름은 참으로 위대했다.

동아리 활동을 하면서 정호승, 정희성, 나태주, 박진성과 같은 유명 시인들을 만났다. 정순진 문학평론가, 탁석산 철학자, 신호철 신문기자, 이혜숙 진로지도 강사, 박종용 교장 등의 명강의도 들었다. 남상현 언론인, 주철환 PD 등의 명사들과 토크쇼도 할 수 있었다. 행복한 일이었다.

NIE를 통해 세상과 소통하며 신문제작하기 활동, 관혼상제 전통체험 활동, 황순원, 이효석, 신동엽, 이문구 등의 문학기행 등도 동아리 활동에서 빼 놓을 수 없는 재미 중 하나다.

필자가 지도 운영하는 이문펜(IMUN-PEN) 동아리는 이러한 활동들이 기반이 되어 '2013 대한민국 창의체험 페스티벌'에서도 꿈과 끼를 펼친다. 이것 역시 연속 3년째이며, 소중한 이야기요, 체험이다.

이제, 우리 동아리는 대전이문고를 넘어 대한민국 대표 동아리로 자리매김하고 있다. 그리고 앞으로도 보다 큰 꿈과 넘치는 끼를 발산하면서 행복하고 멋진 큰 사람을 육성하고자 즐기면서 노력할 것이다. 일을 즐겁게 하는 자는 세상이 천국이요, 일을 의무로 생각하는 자는 세상이 지옥이라는 레오나르도 다빈치의 말을 생각하면서, 우리는 오늘도 이 상황을 함께 즐기고 있다.

- 《중도일보》 2013.10.30. 16면

문화유산은 대박이다

얼마 전 겨울방학을 맞아 대전 교과교실지원단들로 구성된 지인들과 함께 베트남 중부 상업도시 다낭과 유네스코 지정 세계문화유산이 있는 호이안과 후에를 다녀왔다.

한국사 수능 필수과목 확정과 교과서 논란 등으로 역사에 대한 관심이 그 어느 때보다 뜨거운 시기에 이루어진 세계문화유산 여행이었기 때문에, 이곳을 여행하는 내내 필자는 역사를 전공하지 않았음에도 우리 역사와 문화유산에 대해 이런저런 생각을 하게 되었다.

먼저 한국사, 국사, 역사의 개념 정립 문제다. 이는 국문학을 전공한 필자의 입장에서 본다면 이 문제는 한국어, 국어, 언어의 개념과 같은 것이다. 여러 학문적 견지를 차치하고 표준국어대사전만을 살피더라도, 한국어는 한국인이 사용하는 언어이고, 국어는 한 나라의 국민이 쓰는 말이다. 또 언어는 음성, 문자 따위의 수단. 또는 그 음성이나 문자 따위의 사회 관습적인 체계를 일컫는다. 그러니까 한국어와 국어의 가장 큰 차이는 주체가 누구냐에 따라 해석이 다르다. 예컨대 외국인은 우리 언어를 한국어라고 하지만, 우리 국민들은 국어라고 한다. 당연히 미국에서 영어는 미국인들에게 국어다. 이 개념에 동의한다면, 현재 우리 고등학교 교육과정에서 사용하는 한국사는 국사로 과목명이 개정되어야 한다. 한국사라는 과목명은 세계사 혹은 동아시아사와 구별하기 위한 개념으로는 쉽게 인식될지는 모르지만, 우리가 지칭하는 우리의 역사는 아니다. 글로벌화 된 현재의 우리 문화와 역사를 배경으로 해서 나온 과목명으로 보기에도 2% 부족하다. 다문화 및 외국인을 배려하는 측면이 있다고 하더라도 그를 위해 자국의 언어적 습관과 문화마저 버려야 한다면 그것은 정상적이라고 보기 어렵다. 한국사는 우리나라 학생들을 대상으로 우리의 역사를 가르치는 교과서라는 것과 이것 역시 우리 언어체계의 하나로 보아야 한다는 측면에서 국어와 같은 국사로 개정을 하는 것이 바람직하다.

다음은 내가 왜 이 먼 이국땅에까지 비싼 돈을 주고 여행하고 있는가 하는 물음이다. 베트남에 특별히 연고가 있는 것도 아니요, 그렇다고 베트남의 특별히 문화를 사랑하고 아끼거나 아니면 어떤 연구를 위한 것도 아니다. 그저 여행을 같이한 지인들이 좋고 여행이 즐겁기 때문이다. 행복해서 웃는 것이 아니라 웃으니까 행복한 것처럼 여행 자체가 즐겁고 여유로운 것이 아니라 여행을 하니까 삶이 즐겁고 여유로워지는 것이다. 그래서 바보는 방황하고 현명한 사람은 여행을 떠난다고하는가 보다. 또 자식에게 만권의 책을 사주는 것보다 만 리의 여행을 시키는 것이 더 유익하다는 중국 속담도 있다.

그런데 우리가 주로 여행하는 곳으로는 인류의 역사와 문화유산이 있는 곳이, 자연풍경이 좋은 곳과 문명의 이기를 마음껏 즐길 수 있는 곳보다 더 많다는 통계가 있다. 이번 베트남 여행만 하더라도 상대적으로 교통과 문물이 풍부한 상업도시 다낭보다는 호이안과 후에가 훨씬 좋았다. 거기에는 세계문화유산이 있고 이야기가 있었다. 그 민족이 아니고 그 나라 국민이 아님에도 불구하고 먼 길을 마다하지 않고 문화유산을 보기 위해 거기에 담긴 이야기를 듣기 위해 여행객들이 몰리고 있는 것이다.

누군가는 여행의 목적지보다 그 자체가 중요하다고 했지만 여행하는 것 못지않게 목적지에서 보고 듣고 느낄 수 있는 거리가 있다면 이것이 야말로 금상첨화가 아니겠는가. 역사를 소중히 여기지 않는 민족은 미래가 없다고 한다. 국사에 대한 이념적 논쟁만 할 것이 아니라, 지금은 우리의 전통문화유산이 세계문화유산에 많이 등재된 것처럼 우리의 국사와 문화유산에 대한 자긍심을 가지고 우리의 문화유산을 세계화 시키는데 앞장서야 할 때다. 문화유산에 대한 투자는 과거로의 회귀가 아니라 문화융성과 문화대국으로 이어지는 미래의 대박이라 확신한다.

- 《중도일보》 2014.01.15. 20면

교사의 뒷모습

얼마 전, 문학 시간에 이한직의 「낙타」라는 시를 가르치면서 깊은 상념에 빠졌었다. 시의 화자는 동물원이라는 낯선 공간에서 무언가 생각에 잠긴 듯한 낙타의 모습과 늙으신 옛날 은사님의 모습을 중첩시키면서 어린 시절을 회상하고, 옛 은사님에 대한 그리움과 연민을 떠올린다. 그런데 이 연민은 동심의 세계를 잃어버리고 메마른 삶을 살아가는 시적 화자 자신에 대한 것이기도 하다. 그러니까 '옛 은사님'과 '낙타' 그리고 '나' 사이에는 '메마른 세계 속에 쓸쓸하게 살아가는 존재들에 대한 연민'이라는 일종의 동질적 연대가 성립하는 시이다.

주변에는 어느 덧 명퇴를 준비하고, 퇴직 후를 걱정하는 선생님들이 늘어나고 있다. 그들의 이야기가 얼마 전까지만 해도 남의 이야기로만 여겨졌는데, 어느 때부터인가 내 이야기처럼 실감나게 들려오기 시작했다.

그러다 보니 이런 시 한 구절 가르치면서도 남의 이야기가 아니다. 지난 28년간, 나를 기억하는 제자는 몇 명이나 될까? 그리고 그들은 무엇을 보며 나를 어떻게 연상할까? 생각만 해도 재미있고 궁금하고 또 한편으로는 두렵다. 예로부터 교사의 행동을 일컬어 사표(師表)라 하였다. 교사는 학식과 덕행이 높아 세상 사람의 모범이 될 만한 사람이라는 것이다. 사실 이 점이 두렵고 또 두려운 것이다.

어느 성인처럼, 어느 시인처럼, 하늘을 우러러 한 점 부끄럼 없이 살고자 노력했고, 잎새에 이는 작은 바람에도 괴로워하며 나름대로는 사도의 길을 걷고자 했어도, 나도 모르게 그렇지 못한 점이 있지나 않을까 하여 두렵다.

선거 때마다 그 잘 나가던 선량들이 말 한 마디 잘못하여 설화(舌禍)를 자초하기도 하고, 거친 행동으로 사회의 지탄을 받는 것을 보면서 언행의 중요성을 새삼 느낀다. 국무총리와 내각의 각부 장관들 임용에 따른 청문회를 보면서 그들 또한 과거의 말과 행동 하나하나가 그들의 앞날을 어떻게 결정하는지 우리는 여러 차례 보았다.

교사 역시 그들 못지않게 많은 이야기를 하는 직업이다 보니 행여 본의 아니게 학생들에게 마음의 상처를 주고 아프게 하지는 않았는지, 그리고 학생들의 다른 생각을 넓은 마음으로 수용하지 못하고 그것은 틀린 생각이라고 윽박지르고 강요하지는 않았는지, 또 잘못된 생각이나 오류를 허울 좋은 논리로 포장하며 가르치지는 않았는지 교사의 경력이 늘어날수록 조심스럽다.

내가 하는 일은 국가를 경영하고 가계(家計)에 큰 영향을 미치지 못하는 그렇게 중요한 것이 아니라고 할 사람이 있을 수 있으나 그것은 너무 근시안적인 것이요. 잘못된 판단이다. 교육은 그 흔한 말대로 나라의 백년지대계다. 모든 일의 중심인 사람을 육성하는 일이며 그 중추적인 일을 교사가 하고 있는 것이다. 이렇게 볼 때에 교사의 역할은 실로 엄청나게 크고 중요할 수밖에 없다.

교사가 학생과 학부모로부터 존경받고, 스승의 그림자도 밟지 않던 교직의 풍조는 시대의 흐름과 함께 사라진지 오래다. 그래도 혼란스럽고 어려운 시기일수록 사회의 중심이 되고 기본이 될 집단이 필요하고 그 역할을 말과 행동에서 사표가 될 교사가 해주어야 한다고 생각한다.

따라서 교사는 자신의 교과를 잘 가르치는 수업의 전문성은 물론이고 도덕성을 겸비하여 삶의 스승으로서 부끄럼이 없어야 한다. 학생들은 교사의 뒷모습을 보고 많은 것을 배운다고 한다. 그만큼 학생들은 교사와의 관계 형성을 중요시 하며, 교사들을 보며 인격을 변화시키며 성장하고 있다.

오늘도 어디에선가를 나를 지켜보고 또 다른 그 무엇과 연상하고 있을 나의 사랑스런 제자들에게 전문성과 도덕성을 지진 부끄러움 없는 교사이길 바란다. 이를 위해 스스로 거듭남을 다짐하며 "헤프지 않으면서 풍부하고, 경박하지 않으면서 유쾌하고, 과장하지 않으면서 품위 있는" 말과 행동을 하도록 힘써야 하겠다.

- 《중도일보》 2014.06.18. 16면

처음처럼,
꿈꾸기

꿈꾸기를 멈추지 말자

며칠 전 고3인 진수가 걱정이 가득한 얼굴로 나를 찾아왔다.

이야기를 들어본즉 고등학교에 진학해서 수능을 코앞에 둔 지금까지 학원을 다니고 과외도 받았지만 성적은 오르지 않고 고민만 쌓여간다는 것이다.

대학은 가야겠는데 자신이 원하는 학과나 적성이 무엇인지도 모르겠고 공부를 왜 해야 하는지, 앞으로 어떤 직업을 가져야 돈을 잘 버는지, 어떻게 살아야 잘 사는 것인지, 모든 것이 답답하고 두렵다는 것이다.

어디서부터 어떻게 상담해주어야 할까.

기초가 부족한데도 무턱대고 고3이니까 수능이나 집중해서 열심히 공부하라고 말하기도 그렇고, 막연히 자신이 가고 싶은 과를 선택해보라고 권하기도 어렵고, 우리나라 진로교육의 현실이 실제 교육현장과는 거리가 너무 멀다는 것을 새삼 느낀다.

적성을 제대로 파악해서 학생이 잘할 수 있는 분야를 발견하고, 향후 유망한 분야를 제시해주는 진로교육은 말처럼 쉬운 일이 아니다. 더구나 올바른 진로설계에 대한 이론과 방법은 학자들 간에도 의견이 달라 일반적인 것이 없을 정도이다. 한마디로 '그때그때 달라요'다.

진로교육이란 공장에서 제품을 찍어 내듯이 모든 학생들에게 똑같이 적용하는 것이 아니라 학생 개개인의 특성과 환경을 고려해야 하기 때문이다.

그럼에도 불구하고 학교에서의 진로교육은 학생들에게 꿈을 꾸게 해야 한다. 꿈은 목표이며, 미래이다. 무언가 하고 싶은 것, 갖고 싶은 것, 되고 싶은 것을 이루게 하는 원천이다.

항구를 떠나지 않은 배는 어디에도 도착하지 못하는 것과 같은 이치다. 간절하게 꿈꾸는 자는 꿈꾸기를 포기하지 않는 한 언젠가는 이루게 된다.

"진수야! 꿈을 바꿀지언정 꿈꾸기를 멈추지 말자. 네가 진정으로 하고 싶고, 잘할 수 있는 것은 무엇인지, 너의 꿈이 무엇인지를 생각해보고 그 소중한 꿈을 이루기 위해, 너의 행복한 미래의 삶을 위해 오늘 네가 할 일을 다시 생각해 보자꾸나."

- 《대전일보》 2009.06.29. 22면

▌인생의 내비게이션 멘토

공자는 "길을 걷는 세 사람 중에 한 사람은 나의 스승이다"라고 했지만, 요즈음 우리 사회에서는 "교사는 많아도 참된 스승이 없다"고 난리이다. 이는 교사, 교수, 강사, 촉진자, 코치, 튜터, 컨설턴트 등 가르치는 사람이 난무하지만 진정한 스승, 진정한 멘토(mentor)가 없다는 말이다.

멘토는 지혜와 신뢰로 인생을 안내하는 길잡이를 말한다. 고대 그리스의 오디세우스가 트로이 원정을 떠나면서 아들을 양육해 달라고 믿고 맡긴 스승의 이름에서 유래된 것이다. 멘토는 오디세우스가 전쟁에서 돌아오기까지 그의 아들 텔레마코스의 친구이며 스승이었고, 상담자이며 때로는 아버지로 그를 잘 돌보아 주었다. 결국 '멘토'는 아름다운 역할 모델인 셈이다.

이 이야기는 가르치는 일을 전문으로 하는 나에게 많은 생각을 하게 한다. 특히 지난 5월 '제29회 스승의 날' 기념 정부포상에서 뜻하지 않게 국무총리 표창의 영예를 안고 보니 이것이 모두 보이지 않게 나에게 영향을 준 멘토들의 덕이라 생각된다. 또 "내가 남들보다 더 넓은 시야를 가지고 더 멀리 볼 수 있었던 것은 거인의 어깨 위에 올라서 있었기 때문이다"라고 한 뉴턴의 말이 생각난다. 내가 뉴턴과 동격이고, 그만큼 넓은 안목이 있다는 뜻이 아니라 나에게도 뉴턴의 멘토 못지않은 훌륭한 멘토가 있다는 뜻이다.

사립학교 교원의 특성상 근무하는 학교 외의 다른 일을 하는 데 많은 제한이 있음에도 불구하고, 나의 적성을 살려 10년 넘게 사이버가정학습 상담과 책자 편집 등 많은 교육 프로젝트에 참여시키고 귀감을 보여 주고 있는 초등에 근무하시는 simyoli란 애칭의 박 모 교감 선생님으로 인해 교육의 안목을 넓혔고 많은 경험들을 했고 지금도 새로운 세상을 만나고 있다.

그리고 '브랜드 있는 선생님'을 주창하며 수업의 기본이 무엇인지, 교사로서 나는 무엇을 해야 하는지, 기본적인 마음 자세부터 강의와 블로그를 통해 새롭게 가르쳐 주었던 대전시교육청에 근무하시는 느티나무님. 그의 가르침대로 교사의 지위로서 가르치지 않고 교사의 모습으로, 열정과 사랑으로 가르치는 교사가 되고자 한다.

인생의 내비게이션과 같은 역할을 하는 멘토. 당신들이 있어 나는 행복했고, 커다란 영예도 안았다. 진심으로 고맙고 감사하다. 이제, 당신들이 멘토로서 나에게 영향을 준 것처럼 나도 지금, 바로 내 옆에 있는 학생들과 동료들에게 아름답게 기억될 큰 사람이 되었으면 한다.

- 《대전일보》 2010.06.28. 22면

첫 여학생반 담임 시절
사진을 보며

첫 사랑, 첫 키스, 첫 만남, 첫 경험, 첫 시험, 첫 월급, 첫 걸음 등에 활용되는 '첫'은 관형사로 '맨 처음의'라고 국어사전에 등재되어 있으나 실제의 의미는 그 이상이다.

사진은 교직 생활 10여 년 만에 생애 최초로 여학생반 담임을 맡았던 1998년 4월의 모습이다. 첫 번째라는 이유로 더 소중히 여겨졌는지도 모르겠다. 이 사진은 그 해 '꿈을 가꾸는 사람들'이라는 제목으로 당시 3학년 6반 학급 앨범을 냈을 때 표지 화면으로 사용하기도 했다. 그 후 디지털 작업을 통해 CD로 학급 앨범을 몇 차례 더 만들기는 했으나 지면으로 작업한 것은 이것이 처음이자 마지막이니, 이 사진은 유일한 학급 앨범 표지 사진인 셈이다.

이런 연유로 13년이라는 세월이 지났어도 책꽂이 한 곁을 차이하고 있는 100쪽짜리 이 앨범은 나에게 많은 생각들을 하게 해준다. 교정의 사계와 체육대회, 대동제, 촛불의식 등의 사진이 20여 쪽에 걸쳐 소개되어 있고, 이 해 유독 글을 잘 쓰던 진재와 지영이 덕분에 여러 대학 백일장에서 가서 황동규, 김원일, 이인화, 조남현, 김치수, 박명용, 이진우 등 유명 작가들과 찍었던 사진들을 만날 수 있어 더욱 반갑고 고맙다.

앨범은 학생들 한명에 두 쪽씩 생일, 별명, 취미, 특기 등 개인 프로필과 함께 각자의 백일 사진에서 고등학교 때까지의 사진을 10장 이내로 편집해 놓아 개인의 일생을 조망해볼 수 있다. 그 당시에도 재미있었지만 지금 보아도 재미있고 참 의미 있는 일을 했다 싶다.

학교를 졸업하고 3-4년간은 연락되는 친구들이 많아 서로의 안부를 직간접으로 들었으나 이제는 세월이 흘러 강산도 변하다 보니 몇몇을 제외하고는 소식을 잘 모르고 지낸다. 이제 모두 시집가서 어엿한 가정을 이루고 꿈을 가꾸면서 잘 살겠지 생각한다.

예쁘고 상냥했던 소연이, 용주, 희은이, 혜원이, 경희, 미선이, 선미, 선임이, 서령이, 현정이, 은경이, 진아, 그리고 재연이, 희정이, 은엽이, 은정이, 미란이, 선아, 미숙이, 상연이, 은지. 똑똑하고 친절했던 경아, 태희, 지혜, 선영, 현자, 선진이, 윤미, 혜진이. 성실하고 재주가 많던 선숙이, 재희, 정화, 현미, 미화, 경애, 온일이, 미옥이, 민영이, 윤선이, 윤희, 은실이, 미옥이, 지희, 선희. 그리고 우리 반의 마스코트였던 두 쌍둥이 소영이와 지영이, 영선이와 영희, 모두 그립고 보고 싶다.

돌이켜보면 열정만 넘쳤던 선생님을 담임으로 맞아 너희들이 무던히 잘 참고 잘 이겨내며, 나에게 소중한 앨범을 선사해주어 고맙고 대견스럽다.

이 앨범은, 아니 이 사진은 나에게 초심을 잃지 말고 '처음처럼' 하라는 삶의 지침과도 같아 더 의미 있고 소중하다.

- 《대전일보》 2011.05.27. 12면

진로교육의 어려움

　지난해부터 모든 학교에서 '진로교육'이 의무화되면서, 교육계의 비상한 관심거리다.

　필자는 몇 년 전 선배 교사가 하나밖에 없는 아들이 요리사를 하겠다고 하여 고민하는 모습을 봤다. 그때 필자는 요즈음 요리사가 뜨는 직업의 하나로 전망이 밝다는 것과 7성급 호텔의 셰프 에드워드 권 등을 예로 들며 이런저런 이야기로 위로했었다. 그리고 본인이 하고 싶은 일을 즐기면서 할 때에 진정으로 행복할 수 있고, 성공할 수 있다는 말까지 덧붙였다.

　그런데, 최근 어렵게 얻은 늦둥이 아들이 자라면서 몇 년 전 선배한테 했던 말이 부메랑으로 돌아오고 있다. 한두 달 전부터 게임 홈페이지의 뽐내기 게시판에 들어가 열심히 그림을 그려 올리더니, 이제는 소설 뽐내기까지 영역을 넓혔다. 아니 아주 그 재미에 푹 빠져 소설가 행세까지 한다. 최근 몇 주간은 조회와 추천 수로 순위를 매기는 그곳에서 당당히 1위를 했다고 자랑이 대단하다. 심지어 아들이 올린 소설을 웹툰으로 제작해도 되겠느냐는 댓글까지 올라왔다고 기고만장이다.

　이 일을 어찌하면 좋을까. 물론 아직 초등학교 6학년이고 본인이 소설가가 된다든지 스토리텔러가 된다는 얘기는 한 번도 꺼내지 않았다. 또 했다손 치더라도 아직 어리기 때문에 수시로 꿈이 변할 수도 있고 잘하는 것에 집중하는 것이 부족한 것을 보완하려고 노력하는 삶보다 더 빨리, 더 크게 성공할 수 있다는 평범한 진리를 염두에 둔다면 별것 아니다.

그럼에도 불구하고 부모이기에 가슴 한편의 고민을 숨길 수 없다. 사실 필자는 아들이 소설가가 되길 원하지 않는다. 창조의 고통이 얼마나 어려운가를 잘 알기 때문이다.

이제 곧 중학생이 될 아들이 컴퓨터 앞에서 계속 소설을 쓰는 것을 언제까지 묵인할 것인가? 부모로서 고민이다. 이 점에서 공무원이나 교사가 되겠다고 하는 우리 학생들에게 네가 잘할 수 있는 좀 더 도전적인 것을 찾아보라고 자신 있게 말하던 나 자신이 부끄럽다. 새삼 아이들의 장래에 지대한 영향을 끼치는 교사 노릇, 부모 노릇 하기 참 힘들다는 것을 느낀다.

진로는 부모의 꿈이 아니라 자녀의 꿈을 찾아 주고, 공부 이외의 대안을 찾는 것이 아니라 공부를 하게 하는 이유를 제공하는 것이라는 말을 되새기며 좀 더 지켜보고 좀 더 고민해야겠다.

－《대전일보》 2014.04.30. 22면

소망이 있어 행복한 교사

세상에 바뀌지 않거나 변하지 않는 것이 있을까? 입학사정관제 전형 확대, 수능체제 변화, 국가영어능력평가 도입, 교원능력 및 학교 차등평가 등 싫든 좋든 교육계가 역동적으로 변하고 있다. 교육 분야 역시 일각에서 얘기되는 것과 같이 유행처럼 변하고 있다. 어떤 때는 열린 교육을 강조하다가 어떤 때는 자기 주도 학습이 강조되다가 이제는 창의·인성 교육이 화두다.

창의·인성 교육의 창의성이 '기존의 것을 벗어난 새로운 생각과 행동을 시도하는 것'이라면, 인성은 '기존 윤리와 규범을 습득하는 것'으로 창의성과 상호 배타적 특성을 갖고 있다. 그러면서도 인성 개발이 곧 창의성 개발로 이어지는 상호 동반 효과가 큰 쌍둥이 자질이다.

그렇다면 이 시점에서 필자는 무엇을 어떻게 가르쳐야 하는가?

올바른 인성과 도덕적 판단력을 구비한 창의적 인재 육성이 창의·인성 교육이라면 기존의 열린 교육, 자기 주도 학습, 문제 해결 학습과 무엇이 다른가? 용어는 바뀌었어도 그 안에 내재된 교육의 본질은 같은 것이 아닌가?

창의적인 것이 새로운 것을 추구한다고 하지만, 그것은 완전히 전무한 상태에서 유를 창조하는 것이 아니라 기존 바탕 위에 이루어지는 것이고, 부족한 것을 채우거나, 변화시키거나, 다른 그 무엇과 융합시키는 것이다.

이런 차원에서 필자는 요즈음 대전교육연수원 야영부와 성균관유도회 대전시본부, 온양 민속박물관 등 지역사회의 인적, 물적 자원을 활용해 우리의 대표적인 관혼상제(冠婚喪祭)의 전통 예절을 학생들이 창의적으로 직접 체험하면서 창의·인성을 함양시키는데 관심을 쏟고 있다. 단순히 한복 한 번 입어보고 옛것 한 번 체험하는데 그치는 것이 아니라, 이 체험을 통해 자신의 꿈을 일상적인 전통 속에서 반추하면서 미래의 삶을 보다 풍요롭고 가치 있게 하자는 것이다. 일상에서의 온고지신(溫故知新)이요, 일상에서의 창의적 체험활동이다.

수업에서는 내가 맡고 있는 교과의 특성상 '살아 있는 교과서'라 칭하는 신문을 적극 활용한 NIE(신문활용교육) 수업을 하나의 대안으로 생각했다. 교과서가 개정되고 처음으로 쓰는 새 교과서이지만 시시각각으로 변화하는 시대성과 현재성을 쫓아가지 못하는 것이 사실이다. 교과서의 단원 내용과 연관된 신문기사를 찾아서 수업할 때에 흥미 있고 좀 더 깊이 있는 학생들의 사고를 유도해 낼 것이 확실하다. 이 일은 비록 조그마한 일이지만 교실 수업 개선을 위해 꾸준히 적용시켜 볼 작정이다. 그리고 인문과학의 종합예술이라 할 수 있는 신문제작에 관심을 갖고 학생 동아리 활동에 적극 참여할 생각이다.

이 모든 것이 필자가 선택한 일이다. 그래서 내 스스로 즐겁고 내 스스로 행복하다. 본질에 충실한 교육, 기본이 튼튼한 교육, 변하는 시대에 변하지 않는 것을 찾는 나름대로의 새로움으로 열정을 가지고 꾸준히 노력하면서 '브랜드 있는 교육'을 하는 자랑스러운 교사, 이것이 필자의 간절한 소망이다.

- 《충청투데이》 2011.07.12. 21면

뿌리 깊은 나무

불·휘 기·픈 남·군 ᄇᆞᄅᆞ·매 아·니 :뮐·씨 곶 :됴코 여·름 ·하ᄂᆞ·니

우리 학교 국어교과교실 세종실 정면에 부착된 『용비어천가』 제2장 「근심장(根深章)」의 내용이다. 세종대왕을 극화한 〈뿌리 깊은 나무〉가 방영된 탓인지 금년도 1학년 학생들은 입학하면서부터 여기에 많은 관심을 보였다. 어떻게 읽느냐? 뜻이 무엇이냐? 등의 질문을 하기도 하고 어떤 학생은 혼자 제 나름대로 읽어가며 뜻을 유추하기도 하였다. 아직 고전문법이나 고전문학을 배우지 않아 마치 초등학교 입학 전에 한글을 배우기 시작하는 아이들과 같은, 호기심 많은 그 모습이 사뭇 진지하고 귀여웠다. 그래서 교과 진도와 상관없이 아래아(ㆍ) 읽는 법과 방점 등 기초적인 중세문법 몇 가지를 가르치고 전체적인 읽기와 뜻을 설명해준 적이 있다. 그리고 내친 김에 정면에 없는 후절까지 대구를 통해 유추하게 하여 설명해주었다.

뿌리가 깊은 나무는 바람에 아니 흔들리므로, 꽃 좋고 열매 많나니.
샘이 깊은 물은 가뭄에 아니 그치므로, 내를 이루어 바다에 가나니.

우리 학교 국어교과교실 정면에 『용비어천가』 「근심장」을 옛 글씨체

그대로 부착한 것은 국어교과교실의 분위기를 조성해보자는 의도에서 였다. 그리고 그 보다 더 큰 의도는 기초가 튼튼하여야 어떠한 시련과 고난도 극복할 수 있고, 무궁한 발전을 이룰 수 있다는 그 상징적 의미를 전하고 싶어서였다.

사실 요즈음은 전국학력평가가 한 달에 한 번씩 있다. 그러다 보니 시험이 끝날 때마다 영역별 등급 혹은 점수에 따라 희비가 엇갈리고 성적의 오르고 내림에 학생이나 교사나 아주 민감하게 반응한다. 너무 눈앞의 성적에만 급급하다가 보면 자연스레 튼튼한 기초를 닦기보다는 문제풀이의 기술에만 능해지는 것은 아닌가? 해서 우려스럽다. 우리들이 이미 알고 있는 것처럼 문제풀이의 기술은 일정한 수준의 점수까지는 오르게 할 수 있을지 몰라도 우리가 원하는 바에 도달하기에는 한계가 있다.

고등학교 1,2학년에게는 공부에 대한 미친 열정과 튼튼한 기초를 위한 철저한 노력이 필요하다. 천리 길도 한 걸음부터라는 아주 기본적인 상식에서부터 시작해야 한다. 문제를 풀은 후에는 그것이 맞고 틀림에 연연할 것이 아니다. 왜 그것이 틀리고 왜 그것이 맞는 것인지 곰곰이 따져 보는 일이 더 중요하다. 오답노트를 정리하라하면 문제지 해설을 보며 베끼거나 요약하는 것이 대부분이다. 중위권 이하에서는 그렇게 하는 것이 최선일 수도 있다. 그러나 가능하다면 충분한 시간을 갖고 좀 서툴더라도 자신이 해설서를 작성해보는 것이 필요하다. 우선은 힘들고 지루하며 시간이 많이 걸릴 수 있다. 효율성이 떨어지는 것 같은 의구심이 들 수도 있다. 그러나 전국학력평가나 수능 기출문제의 해설서를 본인이 작성해보는 것은 국어영역 기초를 튼튼하게 할 뿐만 아니라 교내 정규고사의 서술형 문제 풀이와 대학별 논술고사에도 큰 도움이 되는 일석이조의 효과를 거둘 것으로 확신한다.

우리의 삶의 전환점을 이루어가는 고등학교 시절은 아주 중요하다. 대학입시라는 넘어야 할 큰 산이 있는 것만은 분명하지만 좀 더 큰 목표를 가지고 지혜롭게 생활했으면 한다. 지금은 독서의 해를 맞이하여 하루 20분, 1년 12권 책 읽기 운동이 한창이다. 인문고전 읽기를 통해 우리의 생각을 크고 넓게 키워나가는 것도 국어영역 기초를 튼튼하게 하는데 아주 중요한 일이다.

우리는 주변에서 아파트나 고층 건물 공사하는 것을 자주 본다. 육중한 뼈대의 모습을 드러내는데 무척이나 느리고 진척이 되지 않아 답답하기까지 하다. 그러나 그것이 어느 순간 훌륭한 건축물로 웅장함을 자랑하는 것을 본다. 우리의 공부도 마찬가지다. 공부의 기초가 되는 개념과 원리의 공부가 튼튼하여야 한다. 많은 노력과 지루한 시간이 걸리더라도 이것이 튼튼하여야만 질풍노도에도 흔들리지 않는다. 아니 기초와 기본이 튼튼하여야 스스로 응용과 적용을 할 수 있고, 변화와 혁신을 가져올 수 있다. 그래서 기초가 튼튼한 사람이 더 큰 꿈을 실현하는 큰 사람이 될 수 있는 것이다.

- 《한국일보》, 〈고딩럽〉 2012.05.01. 14면

호랑이 선생님

임인년 검은 호랑이의 해가 밝았다. 그런데 학교에는 어찌 된 일인지 호랑이 선생님들이 점점 사라져 가고 있다. 1980년대 한때는 대한민국 최초의 학교 중심 교육 현장 드라마로 〈호랑이 선생님〉이 인기리에 방영될 정도로 초·중·고를 막론하고 각 학교마다 호랑이 선생님들이 많이 계셨고 그 명성이 드높았다.

호랑이는 용과 비견할 정도로 강인함과 용맹함을 지닌 신성한 동물이면서도 우리의 다양한 구전설화, 속담, 민화 등의 단골 소재로 등장하는 친숙한 동물이다. 그래서 아직도 새해가 되면 현관이나 대문에 호랑이가 그려진 '문배도'를 붙여 잡귀와 나쁜 기운을 물리치고 복을 기원하고 있고, 입춘이 되면 '범 호(虎)' 자를 크게 써서 붙이기도 한다.

박지원은 『열하일기』에서 "호랑이는 착하고 성스럽고, 문채롭고도 싸움 잘하고, 인자롭고도 효성스럽고, 슬기롭고도 어질고, 엉큼스럽고도 날래고, 세차고도 사납기가 그야말로 천하에 대적할 자 없다"라고 하였다.

예로부터 호랑이는 이렇게 용맹하고, 기백이 뛰어나며, 인간을 수호하고, 권선징악을 판별하는 신통력 있는 영물로 인식되어 두려움의 존재이면서 경외의 대상이었다.

호랑이 선생님들은 학교 교육현장에서 이 같은 호랑이의 복합적 특성을 잘 살리셨다. 교육적 측면에서 엄격하면서도 따뜻하고, 무서우면서도 제자 사랑의 인간미가 넘치는 부드러움을 간직하여 한편으로 두려우면서도 존경스러운 선생님으로 학생들뿐만 아니라 동료 교사와 학부모한테도 선한 영향력을 끼치는 사표가 되었다.

그러나 시대의 변화에 따른 교육 환경의 변화랄까. 교사 중심 교육에서 학습자 중심 교육으로 변화하고 학생과 학부모가 교사를 평가하는 시대가 오면서 호랑이 선생님들의 권위는 시나브로 떨어지고 그 모습조차 우리 교육계에서 사라지고 있는 것이 아쉽다.

인공지능 융합교육과 에듀테크 활용 교육으로 새로운 미래교육을 안착시키고 있는 지금도, 우리 교육에서 변화하지 않은 것은 사람이 중심이 되는 인성교육이다. 검은 호랑이의 해를 맞이하여 교육계의 신뢰와 권위를 지닌 호랑이 선생님들의 역동적인 삶과 그에 대한 지혜와 품격이 새삼 그리워진다.

- 《충남일보》 2022. 01. 14. 15면

이문구 문학기행 단상

지난 토요일 40여 명의 학생을 인솔하고 이문구 문학기행을 다녀왔다. 금년이 이문구 10주기이고 우리 충청도 사투리를 가장 잘 표현한 우리 고장 출신 소설가이며, 농촌공동체 문화를 냉철한 장인정신을 가지고 명쾌한 문장으로 잘 풍자한 소설가라 생각하여 여러 생각할 것도 없이 금년은 이문구 문학기행으로 정했다. 학생들도 『유자소전』과 『관촌수필』을 통해 국어와 문학 교과서에서 접해 오던 작가라 큰 기대를 하는 것 같은 눈치였다. 문학기행에 동참을 하게 된 문예반 지도 선생님도 별 다른 이의 없이 흔쾌히 승낙했다.

그런데 학생들을 관광버스에 태우고 출발하기 위해서 여행의 목적지를 내비게이션에 찍으려 하는데 나와야 할 주소나 전화번호 하나가 없는 것이었다. '이문구' '이문구 생가' '이문구 문학관' '이문구 문학기행' 등으로 검색을 하였으나 모두 허탕이었다. 다만 '이문구 문학기행'의 검색을 통해 문학기행을 먼저 다녀 온 몇 분의 기행문과 사진 몇 장, 그리고 청라 저수지 근처라는 정보를 얻을 수 있었다.

보령의 청라 저수지 근처에 가면 이문구 관련 이정표라도 하나 있겠지! 하는 마음으로 출발했다. 그러나 26권의 전집을 냈고, 교과서에 2편씩이나 실린 우리 시대의 소설가. 《월간문학》, 《한국문학》 등의 편집장을 지냈으며, 민족문학작가회의 이사장을 역임한 그의 발자취를 알리는 이정표는 청라 저수지 그 어디에도 없었다.

우여곡절 끝에 친절한 택시 기사 아저씨의 헌신적인 안내로 우리 일행은 이문구 선생이 생전에 소설을 집필했던 곳을 찾았다. 산 밑에 들판을 끼고 있는 동네 가장자리에 위치한 조그마한 파란색 지붕 집이다. 인걸은 간데없고 잡초만 우거진 집필실만 보고 가는 우리 일행들이 안됐는지 옆집 할머니는 "그래도 이곳이 이문구 선생 살아생전에는 글 쓰는 사람들과 그의 제자들이 문전성시를 이루었고, 이곳이 아주 빤질빤질 했어"라고 전했다.

이렇게 돌아서기가 너무 서운한 마음에 이문구 생가를 더 찾아보기로 했다. 보령 동부아파트 근처로 버스를 모니 마을 입구 주유소 바로 옆에 '관촌마을' 비가 우리를 반기었다. 이곳이 바로 『관촌수필』의 배경 마을이라는 것을 알려 준다. 그리고 야트막한 야산에는 잘 자란 소나무들이 꿋꿋하게 멋을 부리고 있었다.

어린 시절 이문구가 뛰놀던 곳. 이 산 저편 소나무에 그의 유언대로 화장을 하여 유해를 뿌리고, 여타 아무것도 만들지 말라는 유언에 따라 그 어디에도 그 흔한 문학비 하나 없었다. 이문구 생가조차도 지금은 이층집으로 변해 그 흔적조차 찾을 수가 없었다.

필자는 고인의 유언과 소설가는 소설로 말해야 한다는 원칙론을 존중하는 동시에 후학들과 배우는 학생들을 위해 최소한의 교육 자료가 필요하다고 생각한다.

문화 강국을 주창하는 현 시대적 요구에서 볼 때 가장 한국적인 향토문학이 가장 세계적인 문화적 가치를 지니지 않을까? 이제 향토문학을 발전시킨 이문구 문학에 대한 재평가와 함께 우리 충청도 문학기행 중심지로의 품격 있는 변화를 위해 지혜를 모아야 하고, 우리는 진정한 문화발전을 위해 더 고민해야 할 때이다.

- 《대전대신문》 2013.09.26. 8면

코로나19 팬데믹 쇼크와 우리 교육

　지금 인류는 코로나19 팬데믹 쇼크로 총성 없는 전쟁을 치르고 있다. 지난해 12월 31일 중국이 WHO에 후베이성 우한을 중심으로 정체불명의 폐렴이 발생했다고 보고한 지 100일이 넘은 지금도 확진자와 사망자가 늘어가고 있다. 현재 세계적 통계 사이트인 월드오미터에 따르면 4월 10일 현재 감염 확진자가 전 세계에서 178만 명에 달하고, 사망자는 무려 10만 8천명을 기록하고 있다. 아시아-유럽-미국으로 그 진앙지를 이동하면서 남녀노소, 지위고하는 물론이고, 계급과 인종과 국가를 가리지 않고 인류에게 엄청난 인적·물적 피해를 주고 있다.

　코로나19 팬데믹 쇼크로 세계의 여러 곳에서 생필품 사재기, 각자도생, 인종주의 강화, 국경폐쇄, 자국중심주의 현상이 일어나고 있다. '사피엔스'의 저자 유발 하라리의 지적처럼 금번 세대 최악의 위기라 할 수 있다.

　『총·균·쇠』의 저자 재러드 다이아몬드가 갈파한 것처럼 전염병의 세균이 인류문명을 크게 바꿔놓고 있는 것이다. 진행 중인 코로나19는 중세 유럽의 흑사병 못지않게 외적인 변화뿐만 아니라 사람들의 인식과 가치관마저 크게 뒤흔들며 우리의 삶에 큰 변화를 일으키고 있다. 일찍이 까뮈는 『페스트』에서 페스트라는 전염병의 절망적인 운명에 대항하여 공동 투쟁을 벌이는 사람들의 모습을 보여 주었다. 특히 이 소설의 주인공이자 서술자인 베르나르 리유는 페스트가 창궐하기 시작한 시점부터 그것이 사라질 때까지 1년 동안 개인적인 삶을 포기하고 방역의 일선에서 의사로 활약하며 우리에게 연대의식과 진정한 인간에 대해 깊이 생각하게 했다.

코로나19의 전염병이 만연한 곳에 환자들을 치료하고자 목숨을 걸고 달려간 의료진들, 자기는 살 만큼 살았으니 젊은이에게 산소호흡기를 주라고 하고 세상을 떠난 할머니, 해외에서 귀국하는 국민에게 기꺼이 자가격리 공간을 제공한 시민들, 시도 경계를 넘어 환자들을 받아 치료하는 자치단체들. 이들이 코로나19를 극복하는데 1등 공신이었고 우리 사회의 진정한 소영웅이요, 페스트의 베르나르 리유이다.

교육계도 코로나19로 심한 몸살을 앓고 있다. 코로나 전염병 예방을 위해 세 차례나 겨울방학을 연기하다가 우리나라 교육사상 최초로 지난 4월 6일 중고 3학년생부터 연차적으로 온라인 개학을 하였다. 미처 준비되지 않은 상황에서 한 번도 경험해보지 않은 일을 하다가 보니 학생, 학부모, 교사 모두 당황스럽고 혼란스럽다. 모두가 우왕좌왕하며 많은 문제점을 노출시켰다.

그리고 학교의 전통적인 졸업식, 입학식, 개학식의 풍속도도 완전히 바꾸어 놓았다. 신학기 책 배부 역시 자동차 스루, 또는 운동장에 전시해 놓고 개별적으로 찾아가는 낯선 모습을 선보였다. 또 온라인 수업 역시 새롭고 낯설기는 마찬가지다. EBS 온라인 클래스 등에 학습방을 개설하고 그곳에서 출석을 확인하고 강의를 듣고 과제와 형성평가를 해 나간다. 그리고 학교와 교사에 따라 구글 행아웃, MS팀즈, ZOOM,

시스코 Webex 등 실시간 원격교육 플랫폼을 활용하여 교사, 학생 간 쌍방향 화상 수업을 위해 진땀을 흘리며, 온라인 상에서 실시간 토론 및 소통 등 즉각적 피드백를 주고 받고자 애쓰고 있다. 카카오톡 오픈 채팅방, 카카오톡 라이브톡, 구글 글래스룸, 유튜브 등 다양한 콘텐츠 매체가 동원되고 각종 아이디어가 쉴 틈을 주지 않는다.

교단에 선교사들은 너나 할 것 없이 평생학습 시대, 1인 미디어 시대를 여는 새로운 교수-학습방법을 배우고 익히며 가르치는 일에 하루하루가 정말로 바쁘고 힘들다. 이것 역시 코로나19 팬데믹 쇼크로 인한 고통이요, 아픔이라 생각하며 견디고 있다. 그리고 갑자기 닥친 위기라 혼미한 상태이지만 앞으로의 미래교육을 앞당겨야 한다는 생각으로 기쁜 마음으로 임하고 있다.

이제 인류의 집단지성으로 지혜를 모아 코로나19 그 이후의 인류를 생각하고 대비해야 할 때이다. 교사들은 요즈음 일상을 통해 학생들이 등교하던 안전하고 평화로운 이전의 학교생활이 얼마나 소중한지 깊이 성찰하며 감사해하고 있다. 그리고 새롭게 돋는 신록의 새싹을 보며 우리 학생들이 더욱 보고 싶고 그립다.

- 《대전대신문》 2020.04.16. 8면

걷기와 공부

얼마 전, 근 열흘 만에 수업을 들어가는 반이 있었다. 그 반의 수업이 중간고사와 겹쳐서 공교롭게 만나는 시간이 다른 반에 비해 길어졌다. 그런데 수업에 들어가자마자 "선생님, 살 빠졌어요! 멋있어요!" 환호를 보내며 박수를 치고 난리다. 나는 예상치 못한 반응에 어리둥절했지만 기분은 무척 좋았다.

사실 지난 추석 연휴 말미에 정기검진이 있었고, 내시경을 준비하면서 음식 조절을 하기 시작했다. 그리고 떡 본 김에 제사 지낸다고 이 기회에 오래전부터 벼르고 있던 다이어트를 하기로 결심하였다.

나는 어려서부터 남달리 살찌고 키가 컸었다. 중학교 3학년 때의 키가 지금의 키와 같으니 그 시절 얼마나 크고 뚱뚱했었는지 짐작하고도 남음이 있다. 이후 어른이 되면서 시대의 변화와 함께 이 사람 저 사람에게 "살 좀 빼라"는 소리를 수없이 들었다. 그래서 자의 반 타의 반으로 이런저런 다이어트를 수없이 시도했고, 실패도 많이 했다. 다이어트에 좋다는 약도 많이 먹어 보았다.

그러나 지금의 다이어트는 이전의 그것과는 질적으로 다르다. 건강과 행복해 대한 절박감과 절실함이 나를 다이어트의 열정 속으로 내몰았다. 나이가 들면서 나도 모르게 건강이 두려워지고 건강하게 살고 싶은 욕망이 꿈틀거렸다. 누구의 조언도 누구의 강요도 없이 나 스스로가 선택한 자기 주도적 다이어트이며 걷기이다. 집 바로 옆에 유성천이 있어 하상도로에서 걷기에 안성맞춤이다.

이제 본격적으로 걷기 시작한 지 한 달이 넘어간다. 집에 버려지다시피 했던 체중기에 오르내리는 일이 즐거운 일과가 되었다. 그만큼 걷기의 효과가 나오기 시작했고, 삶에 활력이 생겼다. 처음에는 귀찮았고 빨리 걷지 못했다. 나 같은 비만한 사람들은 빨리 걸으라고 아무리 아우성을 쳐도 처음에는 빨리 걸을 수가 없다. 그러나 체중이 어느 정도 빠지면서 천천히 시작했던 걷기가 점점 빨라지고 자신감이 생기면서 뛰지 말라고 해도 스스로 답답해하며 몸이 먼저 자동반사적으로 뛰어나간다.

또 걷는 거리도 점점 늘어나고 스스로 더 멀리 가려고 노력하며 힘들어하지도 않는다. 지금까지의 그 숱한 다이어트의 실패를 거울로 삼아 성공을 다짐한다. 건강은 건강할 때 지켜야 한다는 말을 뒤늦게 깨닫고 걸을 수 있는 것에 감사해하며 즐거운 마음으로 걷고 또 걷는다.

공부도 이 걷기와 비슷한 점이 많다. 스스로 자기주도 학습을 하지 않고 배우기만 하면 다 이해하고 아는 것 같은 착각에 빠져 왜 공부해야 하는지 잘 모른다. 모든 공부가 그러하듯 처음에는 하기 싫고 어렵고 힘들다. 그러나 자기주도 학습이 어느 정도 일정한 수준에 도달하면 비로소 알아가는 재미가 생기고 공부가 즐거워진다. 그래서 하지 말라고 해도 스스로 해나가게 된다. 고구마 줄기처럼 이것을 하고 나면 저것이 생각나고, 저것을 하고 나면 또 그다음 할 것이 생각나서 더 넓고 더 깊게 탐구하는 선순환의 구조가 계속 이어진다. 평생학습 시대라 하지만 건강이 그러하듯 공부도 배우고자 하는 의지가 있고 열정이 있을 때 공부해야 그 효과가 높음을 깨닫고 할 수 있을 때 하고 또 해야 한다.

이웃 사람들이 산책하는 것을 보고 시간을 맞출 정도로 규칙적인 생활을 했다는 칸트처럼 철저하게 금욕적이고 규칙적인 생활은 아닐지라도 각자의 건강과 성찰을 위한 걷기의 시간이 필요하다. 많은 짐을 지고 걷기 시작하여 나중에는 모든 것을 다 내려놓고 순례의 참뜻을 깨닫는 순례자와 같이 걷기를 통해 건강을 되찾고 삶의 의미를 되새겨 볼 일이다.

걷기이든, 공부이든 우리 스스로 선택한 자기 주도적인 삶을 즐길 수 있다면 그것이 행복이 아닐까. 그리고 그 삶의 길에서 진정한 멘토, 진정한 스승을 만나 서로 줄탁동시하고 교학상장 할 수 있다면 그것은 금상첨화이요 우리 삶의 축복이다. 오늘 밤에도 별빛을 받으며 누군가의 멘토를 위해, 누군가의 진정한 스승이 되기 위해, 더 건강하고 행복한 나의 삶을 위해 걷기를 하며 성찰의 시간을 갖는다.

- 《대전대신문》 2021.11.11. 10면

초심을 생각하며

이제 희망찬 새 학년, 새 학기가 시작된 지도 벌써 한 달이 지났다. 해마다 3월이 되면, 새해의 계획을 세우고 점검하는 1월처럼 새해의 계획으로 분주한 가운데 가슴이 부푼다.

20여 년 전 나는 훌륭한 교사의 꿈을 안고 교직생활을 시작했다. 새양복을 입고 교단에 서서 수많은 학생들과 눈빛을 나누며 인사를 했다. 그리고 마음속으로 학생들에게 오래토록 기억에 남을 존경받는 스승이 되고자 다짐했다. 분명 결의에 찬 다짐이었음에도 해가 바뀌고 강산이 두 번씩이나 바뀐 지금에도 새 학년을 맞는 이즈음이 되면 만족보다 후회스러움이 앞선다.

'좀 더 잘 할 수 있었는데… 그때 이렇게 할 걸… 조금 더 조금만 더…' 내 욕심일지도 모른다는 자위와 함께 그렇게 또 새 학기를 시작하며, 학생들의 꿈을 키워주는 희망찬 교육을 실천하는 존경 받는 스승이 되자는 다짐을 다시 해본다.

벌써 20년 전의 오래된 첫 다짐이지만, 하면 할수록 각오가 새로워지고 한편으로는 나를 반성하게 하며 꿈을 키우고 미래를 열어가는 원동력이 되게 한다.

학생들과 생활하다 보면 그들 때문에 웃고, 울고, 기쁘고, 슬프고, 내인생의 희로애락이 그 속에서 이루어진다. 학생들 눈 빛 속에서 삶의 그림자를 느끼기도 하며, 웃음 속에서 희망과 기쁨을 갖기도 한다. 학생들을 통해 또 다른 세상과 만나기도 하고 또 새로운 세계를 배우기도 한다.

급속하게 변화하는 21세기의 현대 사회에서 컴퓨터와 전자기기의 발달은 내가 지나왔던 40년 전의 시대와는 비교되지 않는다. 어쩌면 그들과 큰 세대 차이를 가진 나이지만 모르는 것을 배운다는 기쁨은 나를 학생시절로 돌아가 아직도 지식에 대한 갈망과 배움에 대한 열정으로 설레게 한다.

나에게 교직은 천직이라는 깨달음을 주는 학생들과 학교라는 교육 공간 안에서 내가 가진 모든 교육적 지식뿐만 아니라 인격적인 면에서의 끊임없는 성장을 지속시켜주는 행복 발전소이다.

사람은 환경에 적응하면서 변화하는 사회적 동물이다. 그렇지만, 절대 변해서는 안 되어야 할 몇 가지 중에 하나가 '초심(初心)'이 아닐까 한다. 무엇을 하든 처음 가졌던 그 순수한 '초심(初心)'을 잃지 않는다면 어느 곳에서도 인정받고 환영받는 사람이 될 것이라 확신한다.

오늘도 나는 학생들을 바라보며, '초심(初心)'의 각오를 다진다. 참교육을 실천하는 존경 받는 스승이 되기 위해….

눈 맞추기의 기적

| 말 더듬는 교사

지난 6월 25일 충청북도교육연구정보원 행복씨 TV에서 방영된 〈2020 충청권 학교혁신 원격포럼〉에 패널로 참가해서 사례발표를 하였다.

방송이 끝나자마자 지인들로부터 문자가 날아들기 시작하더니, 다음 날 출근 후 한참 동안까지도 어제의 방송 이야기가 화제였다.

"방송 잘 봤습니다. 인물이 훤하게 잘 나왔습니다", "일반고의 특징을 잘 살려서 시간 안에 핵심을 잘 전달하셨어요", "실물보다 화면이 훨씬 잘 생겼어요", "선생님, 한 번도 더듬지 않고 잘했어요" 등등 많은 칭찬과 격려의 이야기를 들으면서도 한편으로는 쑥스럽고 부끄럽다.

이 포럼이 실시간 유튜브 방송으로 나가는 것을 처음부터 알았다면 나는 거절했을 것이다. 모교 신문사에 게재된 교사 칼럼과 학교 홍보용 보도자료가 인연이 되어 그냥 그 원고를 간추려서 10분 정도 잠깐 발표하면 된다는 말에 덜컥 수락을 하고 말았다. 유튜브로 방송되는 것을 알았을 때는 이미 엎질러진 물이었다.

지난 4월 창체 동아리 조직 때에도 유튜브 방송을 탔다. 그날은 온라인을 통해 학년별 동아리 교육이 예정되어 있었다. 그런데 학년부에서 갑자기 신규 담임들도 많고 또 신입생들은 고등학교 동아리에 대해 잘 모른다는 것과 동아리 교육의 효율성을 이유로 총괄 부서에서 유튜브를 활용해 일괄적으로 교육과 홍보를 한 후에 동아리 조직을 하는 것이 좋겠다고 막무가내로 강력히 요구했다. 그래서 마지못해 등에 떠밀려서 아무런 준비도 없이 마이크를 잡았었다. 다행히 동아리 총괄 업무를 5년째 맡고 있고, 담임들이 동아리 교육을 할 수 있게 우리 부서에서 수업자료를 미리 제작해 제공한 덕분에 내용과 절차를 잘 알고 있어서 그나마 무리 없이 성공적으로 끝냈다.

그러나 나는 정말로 방송에 적합한 사람이 아니다. 몸집은 태산과 같고, 얼굴은 큰 바위의 얼굴로 남달리 큰 데다가 10년 전 구안와사의 흔적으로 눈과 입이 비대칭이다. 그리고 국어 선생이 말까지 더듬곤 한다.

오늘따라 전에 모시던 교장 선생님께서 "방 선생은 참 묘한 데가 있어. 그냥 평소에는 말을 더듬어 신경이 쓰였는데 방송이나 수업을 할 때는 그런 것이 하나도 없어"라며 공개수업 후 고개를 꺄우뚱하며 웃으셨던 기억이 새롭다.

돌이켜보면 말을 더듬는 이유로 초등학교 때에 놀림도 자주 받았다. 그리고 다른 한편으로는 어린이회장으로서 학급회를 원활하게 진행하였고, 웅변대회에서 심심찮게 상도 받았다. 그때의 선생님들도 전 교장 선생님과 비슷한 이야기를 하셨던 것 같다.

말을 더듬는 이유는 아직까지 확실하지 않다. 다만 나의 부족함을 알기에 "저 사람도 교사야"라는 말을 듣지 않게 조심하며 살았다. 말은 비록 어눌하지만 그 말이 항시 진실하고 참되며 행동과 일치시키고자 노력했다. 그것이 내가 교직에서 욕되지 않게 살아 온 이유이고 삶의 원동력이었다. 앞으로의 교직 생활도 그 신조는 변함없을 것이다.

-《금강일보》 2020.07.02. 2면

슬기로운 학교생활의 시작

지난 6월말부터 매주 화요일 아침은 교문 지도를 하는 날이다. 코로나 19의 확산으로 인해 학생안전자치부의 업무가 늘어나고 피로감이 누적되어 보직 교사들이 일주일에 한 번씩 교문 지도를 돕기로 한 것이다.

30년 전 교직에 처음 들어와서 무려 6년 동안 학생과 업무를 하면서 그것이 일상의 업무였지만 지금은 그때와 교육환경이 천양지판으로 변화되었고 아주 오랫동안 서 있지 않았던 자리라 왠지 낯설기만 하였다.

저녁 늦게까지 공부하다가 잠이 부족한 채 졸린 눈으로 차에서 내려서 허겁지겁 교문을 들어서는 학생들. 코로나19 자가진단을 위해 교문 근처에서부터 부랴부랴 핸드폰을 켜고 들어오는 학생들. 어깨에 멘 무거운 책가방에 그것도 모자라 손에까지 다른 책들을 들고 지쳐서 들어오는 학생들…. 그러다가 보니 밝은 표정으로 눈을 마주치며 "안녕하세요"라고 먼저 인사하는 학생들이 많지 않다.

교문 지도를 시작한 첫날, 나는 태생이 어쩔 수 없는 꼰대인지라 인사하지 않는 학생들을 보면 교사로서 내가 무시당하는 것은 아닌가 하는 괴리감도 들면서 자존감이 무너져 내렸다. 그래서 그 옛날처럼 그런 학생들을 큰 소리로 불러서 인사 안 했다고 혼내고 야단치고 싶은 마음이 굴뚝같다.

그러나 마음을 가다듬고 짧은 순간 많은 생각을 하면서 지난날을 성찰하고 이 어색함을 이겨내기 위해 돌파구를 찾기 시작했다. 그 결과 시대가 바뀌었음을 다시금 인정하고, 학생들에게 인사를 받기 전에 내가 먼저 마음의 문을 열고 인사하기로 했다.

처음은 좀 어색해서 말이 잘 안 나왔지만, 용기를 내어 학생들을 향해 "안녕", "좋은 아침"을 조심스레 꺼냈다. 한 번 하고 두 번 하고 자꾸 하다가 보니 어색함은 줄어들고 나름 자연스러워졌다. 이제 먼저 인사하는 학생들의 수도 늘어나고 있고, 슬기로운 학교생활의 시작이라 할 수 있는 교문에서의 학생들과의 만남도 제자리를 찾고 즐거워졌다.

인사는 상대를 존중하는 마음이고, 호감을 드러내는 표시이며, 인격과 교양을 표현하는 수단이다. 또 즐겁고 명랑한 사회생활과 원만한 대인관계의 기초일 뿐만 아니라 인간관계의 처음이자 마지막이다. 그래서 예로부터 인사성이 밝은 사람을 보면 "아무개의 자식은 사람이 됐어"라고 그의 부모까지 칭송하면서 사람의 됨됨이를 평가하는 기준으로 삼았다.

학교생활의 하루는 인사로 시작해서 인사로 끝난다고 해도 과언이 아니다. 매일매일 하는 똑같은 인사지만 하는 사람이나 받는 사람이나 지루하지 않다. 내가 먼저 마음을 열고 밝게 인사를 하면 칭찬을 받을지언정 욕을 먹거나 손해 보는 일은 결코 없다.

『논어』에서 "다른 사람이 나를 알아주지 못함을 걱정하지 말고, 내가 다른 사람을 알지 못함을 걱정하라"고 했다. 먼저 다가서지도 않으면서 다른 사람이 나에게 인사해주기만을 바라서는 안 된다. 내가 먼저 다가가고 먼저 좋아하고 먼저 눈 맞추어 인사해야 할 일이다.

- 《금강일보》 2020.07.30. 2면

지난해 8월의 크리스마스를
회상하며

지난주 단재해외유적답사 탐방 밴드에 이어 오늘은 2019 러시아 독립운동유적지 탐방 밴드 1주년의 날 알림이 도착했다. 코로나19의 영향으로 7일간의 짧은 여름방학을 보내면서도 여행 한 번 제대로 하지 못하고 전전긍긍하는 금년과 달리, 지난해 방학은 학생들과 함께 중국과 러시아를 오가며 무척 분주했었다.

감사와 고마움으로 가득한 그야말로 8월의 크리스마스를 맞은 여름방학이었다. 겨우 1년밖에 되지 않은 지난해 방학이 이렇게 그립고 또 그리워지는 것은 우리가 지금 경험하지 못한 사상 초유의 코로나19를 겪으면서 작년과는 전혀 다른 삶을 살고 있기 때문이다.

지난해 본교 학생이 단재청소년백일장 전국대회에서 입상하여 지도교사의 자격으로 학생과 함께 '단재해외유적답사'에 참가했다. 단재 신채호 선생의 발자취를 찾아 뤼순 감옥, 관동고등법원을 필두로 압록강과 두만강, 백두산을 거쳐 단재가 생활했던 북경의 진스팡지에 등을 6박7일간 탐방했다.

특히 장수왕릉, 광개토태왕릉, 광개토태왕릉비, 환도산성터와 고구려고묘박물관이 있는 지안을 방문했을 때의 울림은 아직도 심장을 고동치게 한다. 그곳은 고구려의 웅장한 기상과 패기가 살아 숨 쉬는 우리 역사의 현장이다. 동시에 이제는 남의 땅이 되어 더 자세히 보고 싶어도 보지 못하고 정해진 시간에 쫓기어 뒤돌아서야만 하는 아프고도 시린 곳이다.

40여 분 이상의 실랑이 끝에 운무를 제거하고 맑고 푸르른 얼굴로 우리 민족의 기상을 보여 주었던 백두산 천지는 마음속 깊이 생생하게 간직되어 그곳을 생각할 때마다 지금도 그 현장에 있는 듯하다. 압록강 단교와 두만강 도문교를 바라면서 느꼈던 분단된 민족의 상처와 아픔도 잊지 못할 일이다.

그 후 우리 고장 출신 독립운동의 대가인 단재 신채호에 대해 더 열심히 가르쳐서 우리 학생들에게 더 많은 기회를 주고자 백방으로 노력했으나 금년에는 단재청소년백일장 조차 열리지 못했다.

또 지난해 여름방학에는 향토역사 동아리 지도교사의 자격으로 대전시교육청이 주최한 '러시아 독립운동유적지 탐방'에 참가했다. 블라디보스토크, 우스리스크, 하바롭스크 등을 3박 4일간 탐방하며 안중근, 최재형, 이상설, 조명희, 김알렉산드리아 등 독립운동가들의 발자취를 찾아 그들의 숭고한 독립운동에 감사하며, 나라와 역사를 다시금 생각하는 계기가 되었다. 러시아에서의 감동과 일화 역시 며칠 밤을 지새워도 모자란다.

그러나 이 행사도 코로나19의 확산으로 금년에 축소되어 제주도 근현대사유적지 답사로 대체되었으나 이것마저 연기되어 미래를 예측하기 어렵게 되었다.

교내 교육활동 역시 축소되거나 폐지되면서 학생들이 그렇게도 좋아하던 체육대회, 수학여행, 소풍마저 앞으로는 없어질지도 모른다. 우리 교육활동의 미래가 암울하다.

하루속히 코로나 백신이 나와서 코로나가 없는 안전하고 건강한 세상에서 365일 크리스마스와 같은 밝은 미래를 약속했으면 한다.

- 《금강일보》 2020.08.27. 2면

살아 숨 쉬는 돈암서원

 코로나19의 확산으로 교육활동이 크게 위축되어 교외 활동은 계획대로 되는 것이 별로 없다. 1학기에는 '조금만 더 참으면 활동할 수 있겠지', '2학기에는 좀 더 낫지 않을까'라는 희망으로 하루하루를 미루다가 방학 같지 않은 방학을 보내고 2학기를 맞이했다. 그런데 2학기에도 상황은 녹록지 않아 코로나의 기승은 아직도 여전한 가운데 벌써 9월 중순이 지나가고 있다. 이제 조금씩 불안해진다. 많은 고민과 숙고 끝에 동아리 학생 중에서 역사 관련된 진로를 희망하는 학생들 몇 명과 지난 토요일 돈암서원을 답사했다.

 우리 지역 향토역사문화에 관심을 가지고 활동을 하다가 보니 자연스레 우리 고장 선비들의 스승인 사계 김장생을 탐구하고 돈암서원 답사까지 하게 된 것이다. 엄중한 코로나 상황임을 고려하여 철저하게 마스크를 쓰고 사회적 거리 두기를 지키며 개인차량으로 답사를 했다.

 돈암서원은 1634년 예학의 종장인 사계 김장생의 학문과 덕행을 기리기 위해 논산시 연산면 임리 숲말에 건립하였다. 그 후 지대가 낮아 홍수 때마다 돈암서원 뜰 앞까지 물이 차자 1880년 현재의 위치로 이건하였다. 돈암은 숲말 산기슭의 큰 바위 이름이었는데 효종이 이 바위 이름으로 사액을 하여 서원의 이름이 되었다고 한다.

 그러나 돈은 본래 은둔 혹은 둔세를 의미하는 둔으로 주자가 말년에 사용한 둔옹의 호에서 왔다는 이도 있고, 국왕의 부름도 사양하고 고향인 이곳에서 은둔하며 학문과 후학 양성에 힘썼던 사계의 일생을 상징한다는 이도 있다.

돈암서원은 무엇보다도 큰 스승 밑에 훌륭한 제자가 난다고 사계의 문하에 신독재 김집, 동춘당 송준길, 우암 송시열 등 걸출한 문인들이 즐비하여 명문 사학을 이루었다. 그리고 충청 지역을 대표하는 기호학파 학문의 메카로 조선 후기 사상과 예학과 정치에 지대한 영향력을 끼쳐 대원군의 서원철폐령 때도 온전히 보존된 대표적인 서원이다.

1950년 대둔산에 있던 황강 김계휘가 지은 정회당을 이건하고, 1971년 돈암서원 옛터에 있던 응도당을 사계가 지은 양성당이 있는 이곳으로 이건하여 3대의 건축물이 공존하고 있는 유일한 서원이다. 돈암서원은 1997년 거경재와 정의재를 신축하고, 2006년 유식 공간인 산앙루를 뒤늦게 건축하는 등 진화를 거듭하며 2019년 세계문화유산에 등재되어 이제는 지역 사회를 넘어 전 세계인들과 호흡을 같이 하고 있다.

우리 지역 선비들이 모여서 책 읽고 토론하고 자연과 더불어 호연지기를 펼치던 이곳에서 "우리의 예절을 우리가 지키도록 하겠습니다"라는 다짐을 하는 만인소 운동과 예절사관학교 등으로 현대에 맞게 새롭게 살아 숨 쉬고 있다. 이제 전 세계 젊은이들이 이곳에서 사원스테이를 하면서 옛날 우리 선현들처럼 자유로운 학문의 향연을 펼쳐나가길 기대한다. 또 우리 학교도 인재의 숲을 이루어 먼 훗날 돈암서원처럼 역사에 기록되길 소망한다.

-《금강일보》 2020.09.24. 2면

격세지감

    코로나19의 확산으로 우리 사회 전반이 모두 변했다. 변하지 않은 것을 찾기 힘들다. 우리 교육계도 많은 변화를 겪었고 원격 수업과 같은 새로운 형태의 교육이 이제 친숙하기까지 하다. 금년에는 예전에 듣고 보도 못 했던 AI 융합 교육과정, AI 데이터 리터리시 등 교육계에 AI가 등장했다. 그리고 이르면 연말부터 미래 교육의 핵심이라 할 수 있는 에듀테크 기반 스마트 교육시스템을 구축할 계획이다.

    "방 부장님 독수리타법, 〈세상에 이런 일이〉에 제보해야겠어요."

    "저런 독수리타법으로 어떻게 그 많은 보고서를 그렇게 빨리 처리하신데요?"

    얼마 전 교장 선생님과 주변 선생님들이 나를 두고 나눈 이야기다. 본교가 AI 프로젝트에 이어 2022 새 교육과정을 앞두고 교육부에서 야심 차게 펼치는 에듀테크 시범학교 사업에서 소정의 성과를 올리자 칭찬 삼아 한 말이다. 독수리타법으로 최첨단 인공지능(AI)과 에듀테크의 업무를 보는 것이 그저 아이러니하고 신기하다는 눈치다.

    사실, 나는 전형적인 문학도요 기계와 전자에 문외한이다. 전 국민이 다 가지고 다녔던 삐삐하나 사지 않고 그 시절을 그냥 보냈다. 핸드폰 시대가 열렸을 때도 가장 늦게 구입했다. 그런데 지금은 핸드폰 없이는 못 사는 사람, 핸드폰을 하루라도 집에 놓고 오면 가슴 한구석이 허하고 의지할 곳이 없는 사람이 되었다.

지금은 핸드폰 다이아몬드 멤버십 회원이다. 30여 개가 넘는 밴드와 단체 카카오톡을 비롯하여 페이스북 등을 넘나들며 시대와 호흡하고 있다. 언제부터인가 나도 모르게 행복한 엄지족이 되었다.

또한 노트북을 교사 개인한테 지급했을 때는 자진해서 가장 늦게 받았고, 시험문제 원안을 가장 늦게까지 수작업으로 출제했다. 독수리타법은 그때 부랴부랴 얼떨결에 잘못 배운 탓이다.

보는 사람들이 불편하고 어줍어 보여 자꾸 고치라고 지적을 해주곤 하지만 나는 그래도 불편함이 없다. 컴퓨터가 주는 문명의 이기에 한없이 고맙고 감사해하며 오늘도 노트북을 껴안고 출퇴근을 한다.

물질문명의 이기를 제대로 누리지 못하고 불안하기만 했던 기계치. 아직도 기계의 기능들 일부밖에 활용 못 하고 있지만 그래도 그 현대 문명의 이기에 즐겁고 행복하다. 세상이 변하고, 변화된 세상 속에서 삶의 격세지감을 느낀다.

컴맹에서 시작하여 에듀테크 교육을 설계하기까지 성장을 거듭해 온 나 자신을 격려하고 싶다. 그리고 286 컴퓨터에서부터 현재에 이르기까지 괄목상대하게 발전한 우리의 학교 교육에 경이로움을 표한다.

새롭게 시작될 에듀테크 교육도 처음은 두렵고 힘들겠지만, 이것 역시 곧 익숙해지고 편리하고 풍요로운 더 나은 미래를 약속해줄 것으로 믿는다. 나는 학습자가 주도하는 실감형 디지털 교육이 꽃을 피우는 새 시대의 에듀테크 교육에 디딤돌이 되고 싶다.

- 《금강일보》 2020.10.22. 2면

캘리그래피 전시

7년 전부터 해마다 해오던 '한밤에 나의 꿈 찾기, 1박 2일 별밤독서캠프'에서 작년부터는 한밤에 책 한 권 읽고 캘리그래피 하기를 새롭게 시작하였다.

"하룻밤에 책을 읽으면 얼마나 읽을까? 더군다나 캠프에서는 평소 만나고 싶었던 저자도 만나고 진로 강의도 듣고 대학생 선배들도 만나는데 책이 눈에 들어 올 리가 없다"는 생각에 책 읽기의 부담을 덜고 좀 더 창의적인 작업을 해보자는 의도였다. 또 발달하는 디지털 문화 속에서도 지극히 아날로그적인 감성이 물씬 풍기는 아름다운 손글씨 캘리그래피가 시선을 사로잡는 점을 고려했다. 멋지고 감동적인 글을 아름답고 개성 있는 그림과 손글씨로 표현해 놓은 한 편의 캘리그래피가 명화 못지않게 시선을 사로잡기 때문이다.

이런 생각에 작년에는 나태주 시인을 초청하여 강의를 듣고, 참가자들에게 『나태주 육필시화집』을 선물했다. 그리고 그 시집에서 감동적인 시 한 편을 캘리그래피 하였다. 그 후 가을이 시작되는 9월 2일부터 9일까지 1주일간 본교 4층 복도 전시실에서 '마음속에 시 하나 싹텄습니다' 캘리그래피전을 개최하여 바쁜 학교생활에서 풍요와 여유로움을 선사해 호평을 받았다.

이에 힘입어 금년에도 별밤독서캠프를 진행했으나 코로나19의 확산으로 밤을 지새우지 못하고 김용재 시인의 강의와 김은형 강사의 진로 특강을 듣고 별이 빛나기 시작하는 밤 10시에 헤어져야만 했다. 그 대신 참가자들에게는 '혜민스님의 따뜻한 응원' 달력을 선물로 주고 캘리그래피를 주문했다. 그러나 실질적인 작업은 동아리 시간으로 미루었다. 그 후 이런저런 일로 계속 지체되다가 지난 11월 3일부터 11일까지 '꿈, 희망 그리고 가을이 있는 캘리그래피전'을 개최하였다. 달력에 있는 응원 글과 마음에 드는 좋은 글 혹은 감동적인 시구와 노래 가사 등 따뜻한 감성으로 누군가를 응원하는 메시지를 담았다.

학생들은 "잘 사는 삶이란 아침에 일어나 물음표를 찍고 저녁에 누울 땐 느낌표를 찍는다", "쟤보다 내가 나보다 쟤가 나은 게 중요한가요. 가만히 앉아 걱정하기엔 난 너무 소중해요", "달을 향해 나아가라 달에 미치지 못하더라도 별들 사이에 존재하게 될 것이다", "좌절과 실패도 삶의 일부분입니다. 도망가지 않고 조용히 받아들이면 그다음이 보입니다", "천천히 가는 것을 두려워하지 말고 멈추는 것을 두려워해라" 등의 글을 블랙보드 칠판에 정성을 다해 그림과 함께 자신의 개성을 담아 마음껏 표현했다.

블랙보드 칠판은 3년 전 동아리 페스티벌 때에 부스 알림 간판 대용으로 학교에서 구입한 것을 재활용한 것이다.

하루가 다르게 변화하는 디지털 시대에 난 아직도 캘리그래피와 같은 아날로그 감성이 좋다. 디지털 기술과 아날로그의 감성이 공존하는 풍요로운 디지로그(Digilog) 시대를 소망한다.

- 《금강일보》 2020.11.19. 2면

마스크 벗고
활짝 웃는 얼굴이 보고 싶다

한 해가 저물고 있다. 매년 이맘때가 되면 입버릇처럼 다사다난한 한 해였다고 한다. 그러나 금년은 그것이 예사롭게 그냥 하는 소리가 아니다. 실로 하늘이 놀라고 땅이 흔들릴 정도로 많은 일이 일어났다.

새해 벽두부터 시작한 코로나19의 확산은 우리 교육현장을 근본적으로 바꾸어 놓았다. 2월 졸업식에서부터 파행의 연속이었다. 졸업식은 축하객이 없이 진행되었다. 그리고 춥고 모진 겨울이 가고 3월 봄이 왔어도 학교의 문은 굳게 닫힌 채 열리지 않았다. 급기야 대한민국 교육 역사상 최초로 4월 중순에 온라인 입학식을 하고 전면적인 온라인 수업을 하였다. 5월 초가 되어서야 학년별로 연차적 등교수업이 이루어졌고 이후에도 코로나19의 상황에 따라 온라인과 등교수업을 번갈아 가며 혹은 동시에 진행했다. 수업 당사자들의 의견과 상관없이 수업의 형태가 크게 바뀌었고 우리들 곁에 미래교육이 성큼 다가왔다.

학생들이 개학을 못 하고 겨울방학이 길어지다 보니 "교사들은 편해서 좋겠다"는 조롱과 함께 "교사들의 월급을 반납시켜야 한다"는 극단적인 주장까지 나왔다. 그러나 그것은 교단의 현실을 모르고 하는 소리이다. 교사들은 겨울방학부터 학생들의 안전한 등교를 위해 코로나19 대응 훈련과 쌍방향 온라인 수업을 위해 정말로 한 번도 경험해보지 못한 교수학습을 준비하며 분주한 시간을 보냈다. 학생들과 밝게 면대면 수업을 하던 그때가 정말 소중하고 행복했음을 실감했다.

코로나19로 학교 현장이 참 많이 바뀌었다. 학교에서 식사할 때 마주 앉아 수다를 떨며 식사하던 시절은 지나갔다. 또 손을 잡고 웃으며 걷던 등하굣길도 없어졌다. 교무회의를 비롯한 대다수의 회의가 화상으로 진행된다. 이제 아무리 친한 사이라도 일정한 거리 두기를 하며 대면 접촉을 피하는 시기이다. 흩어지면 죽고 뭉치면 사는 시대가 아니라 뭉치면 죽고 흩어지면 사는 시대가 된 것이다. 이제 너무 가까이도 너무 멀리도 아닌 알맞은 거리 유지하기가 필요한 시대이다.

"아파도 학교에 가야 한다"는 말도 이제 옛말이 되었다. 열이 나고 조금이라도 코로나 유증상이 있으면 누구 눈치 볼 것 없이 집에서 쉬면서 온라인 수업으로 전환해야 한다. 그것이 모두를 위한 미덕이요 생활의 지혜이다. 하루 종일 마스크 착용은 기본이다. 수업할 때도 기념사진을 찍을 때도 마스크 착용은 필수이다. 그래서 학생들의 얼굴을 아직도 잘 모른다. 마스크를 쓰지 않은 채 새하얀 건치를 내놓고 해맑게 웃는 그들의 온전한 얼굴을 보고 싶다.

이 모두가 새 시대를 맞기 위한 고통이며 전환기에 오는 혼란인지도 모른다. 코로나19의 이전과 이후는 이렇게 사회, 문화, 교육 등 전 분야에서 많은 변화가 일어나고 있고 우리의 생활과 생각이 바뀌고 있다.

밝아오는 신축년에는 코로나가 없는 건강한 세상이 되어, 우리 학교 교육현장 모두가 신바람 나는 행복한 곳이 되길 소망해 본다.

- 《금강일보》 2020.12.17. 2면

장서표와 나의 상징

얼마 전 책상 서랍을 정리하다가 스탬프 형식의 장서표를 찾았다. 장서표는 펼쳐진 책 위에 듬직한 황소 한 마리가 서 있고 머리에는 주경야독을 상징하듯 둥근 월광으로 둘려져 있다. 그리고 황소가 서 있는 책의 하단에는 장서표를 의미하는 'EX-LIBRIS'라는 영문이, 책의 바깥쪽 우측에는 책의 주인 이름이 한글로 각각 새겨져 있으며 이름 밑에는 제작자 고유의 낙관이 찍혀 있다.

이 장서표는 지금으로부터 11년 전, 대학 선배의 권유로 생명판화가 남궁산 정서표 초대전에 동참하면서 제작된 것이다.

장서표는 본래 서적의 소장자를 식별하기 위한 목적으로 여러 모양이나 도안과 함께 소장자의 이름을 새겨서 도서의 표지 안쪽이나 면지에 부착하는 낙인과 같은 증표이다. 책이 부족했던 시절 책은 귀중품이었고 그것을 빌려주는 경우 자신의 소유를 표시할 무언가가 필요했다. 또 책 소유자는 특별한 책을 가지고 있다는 자부심과 책에 대한 애정과 소유욕이 나만의 특별하고 멋진 장서표를 만들게 하였다. 오늘날에는 장서표가 예술가에 의해서 제작되어 독립된 예술품으로 발전하고 있다.

장서표를 제작할 무렵, 나를 상징할 수 있는 동물을 한두 개 선택해 달라는 질문을 받고 오랫동안 고민했다.

나와 연관된 동물로는 돼지가 먼저 떠올랐다. 뚱뚱하다고 자연스럽게 붙여진 돼지라는 별명. 그러나 어려서부터 그것이 듣기 싫어 어지간 히도 싸웠다. 그렇게 싫어했던 것을 이제 또 나의 상징으로 내세운다 는 것은 우스운 일이다.

돼지 다음으로 생각했던 것이 곰이었다. 중학교 때에 담임 선생님이 나를 보고 덩치가 크고 순하다고 하여 대구 달성공원의 백곰이라 했 다. 단군신화의 곰과도 연관성이 있어 이것으로 해도 괜찮을 듯했다.

그러나 이것은 내가 직접 경험해본 동물이 아니다. 내가 직접 보고 경험했던 것 중에서 나의 성품과 비슷한 것이 없을까 고민을 했고 고 민 끝에 생각해 낸 것이 황소이다.

시골에서 태어나서 시골에서 자란 탓에 황소와는 친근감이 있고 언 제 보아도 듬직하고 성실한 덕성스러움이 마음에 들었다. 그것은 나도 그와 같이 살겠다는 의지의 표상이기도 했다.

황소는 여타의 동물처럼 예쁘고 귀여운 면은 없어도 어진 눈과 엄숙 한 뿔을 가지고 있다. 그리고 슬기롭고 순박하고 부지런하며 우직하다.

심사숙고 끝에 황소나 곰으로 했으면 좋겠다는 의견을 전달했고, 이심전심으로 작가는 황소를 선택하여 나만의 장서표를 만들어 주었 다. 장서표를 만들면서 진실로 나란 누구이며 무엇인가를 깊이 있게 생각하는 계기가 되었고, 나를 대표하는 것은 무엇인가도 진지하게 고심했다.

신축년 새해에는 우리 학생들과 함께 장서표를 만들어 보면서 성찰 하는 시간을 가지며, 사제동행으로 독서에 매진하고자 한다.

- 《금강일보》 2020.01.11. 2면

새내기
교사에게

본교에서는 설 연휴가 끝나자마자 14명의 새내기 교사들을 위한 자체 직무연수를 한다. 교사의 꿈을 안고 어렵고도 힘든 임용고시를 거쳐 새봄에 교사로서 첫발을 내딛는 새내기 교사들에게 교직 선배로서 진심으로 축하의 박수를 보낸다.

교사라는 직업이 그렇게 녹록하지는 않다. 많은 지표들이 교사는 새로운 시대에 매력이 별로 없는 '지는 직업'으로 예고하고 있고, 생활지도를 비롯한 교육계의 현 상황이 어려운 측면도 많다.

그럼에도 불구하고 교사라는 직업을 천직으로 여기고 이를 실현하고자 교직에 들어선 새내기들의 선택과 용기를 응원하고 지지한다.

사물인터넷, 클라우드, 빅데이터, 인공지능, 블록체인 등의 신기술로 충격적이고 파괴적인 변화가 교육현장의 뉴노멀을 필요로 하고 있고 창의적인 교육의 혁명을 요구하고 있다. 그렇다면 이 시대에 교사로서 보람을 느끼며 존경과 사랑을 받기 위해서는 어떠해야 하는가?

첫째, 배움을 즐기며 열정을 지속시키는 영원한 학습자가 되어야 한다. 변화하는 미래사회에 관심을 갖고 학생들에게 필요한 역량을 함양시켜줄 교수학습법을 찾아 평생 공부해야 한다. 그래서 맡은 교과와 업무에 전문인이 되고 그 분야에서 인정받는 권위 있는 교사로서 학생들의 성장을 돕는 조력자가 되어야 한다.

이를 위해 교사는 전공하거나 관심 있는 분야의 책 읽기를 게을리해서는 안 된다. 특히 그 분야의 잡지나 연구 논문, 웹 문서 등은 항시 가까이하는 것이 좋다. 이것이 학생과 교사가 다 같이 성장하며 즐겁게 생활할 수 있는 기본적 토대이다.

둘째, 서로 공감하고 동행하며 어울리는 공동체 소통 역량이 있어야 한다. 교사도 감정 노동자이다. 교육은 지식만 전달하는 것이 아니라 학생들의 마음을 움직여서 변화시키는 것이다. 교사는 모든 사람에게 사표(師表)가 되기 위해 항시 원만하고 품위 있는 언행을 해야 한다.

그만큼 교사의 언행과 학생과의 좋은 인간관계 형성이 중요하다. "빨리 가려면 혼자 가고, 멀리 가려면 함께 가라"는 아프리카의 속담이 있다. 교육의 주체들이 서로 공감하고 어울리며 소통하면 더 재미있고 더 멀리 함께 갈 수 있다.

셋째, 열린 세계관으로 변화하는 세계에 잘 적응하며 유연한 적응력을 갖춘 가슴 따스한 세계시민이 되어야 한다. 이제 교사들은 인공지능 로봇과 공존하면서 교사들만이 할 수 있는 일들을 찾아야 한다.

학생들에게 희망을 불어넣어 주고 용기와 사랑을 심어주는 일, 어려운 이웃과 나누고 베푸는 일, 글로벌한 세계시민으로 꿈과 끼를 유감없이 발휘하게 하는 일 등이 우리 교사가 해주어야 할 중요한 일들이다.

날마다 즐거운 마음으로 배우고 성장하며 미래 교육을 이끄는 학교와 일상이 모두 행복한 교사가 되길 기원한다.

- 《금강일보》 2021.02.08. 2면

부끄러운 고백

　희망찬 3월을 맞이했으나 학생들 만나기가 부끄럽다. 얼마 전 뉴스를 보니 중국은 김치, 한복, 갓에 이어 이제는 우리의 민족 시인 윤동주의 국적까지 왜곡하고 있다. 우리나라는 중국 옌볜 조선족자치주 룽징(龍井) 밍둥(明東)촌에 있는 윤동주 생가 앞 표지석과 「서시」시비 및 중국 최대 포털사이트 바이두의 표기에 윤동주를 '중국 조선족'으로 표현한 것에 대해 항의와 시정을 요구하고 있다.

　윤동주 생가는 지난 2019년 8월 19일 단재 해외유적답사의 일환으로 학생들과 함께 답사했던 곳이기에 나의 부끄러움은 더욱 크다. 그 누구 못지않게 윤동주를 좋아하고 그의 시를 사랑하는 문학도이며 국어 교사로서 같이 갔던 학생들에게 그곳의 실체를 제대로 교육하지 못했다는 점이 생각할수록 부끄럽다. 우리가 이곳을 답사했을 때의 사진과 보도 사진 등을 확대하여 확인한 결과 윤동주의 국적 왜곡은 지난해부터라는 일부 보도와는 달리 2012년 8월 윤동주 생가를 복원할 때부터 문제의 표지석과 시비가 세워졌었다.

　이곳을 답사할 당시 윤동주, 송몽규가 다녔던 명동학교와 그들의 생가를 직접 본다는 흥분 때문에 비판력을 상실한 채 이 엄중한 현실을 우리 학생들에게 얘기 한 마디 못했었다.

　"다만 윤동주의 생가를 비롯한 이곳 명동촌이 중국의 문화정책으로 중국화되어 가는 것이 아닌가 하는 의심의 눈초리를 버릴 수 없었다. 예전에 사진으로만 보던 윤동주 생가와는 달리 잘 정돈 정비되어 있었고, 윤동주의 시를 백여 개의 크고 작은 돌에다가 새겨 한글과 한자로 된 작품의 시비를 야외 전시해 놓았는데 윤동주를 잘 모르는 중국인이 보면 마치 윤동주가 한자로 원시를 썼고 한국인 관광객을 위해 한글로 번역해 놓은 것과 같은 착각을 일으킬 수도 있을 정도이다. 이곳에서도 우리 역사와 문화를 왜곡하는 중국의 동북공정이 일어나고 있다."(졸고, 「단재 해외유적답사」 기행문)라고 되새겼을 뿐이다.

윤동주의 국적 표기 시정을 요구하는 우리들의 입장에 대해 중국은 관영매체 환구시보를 통해 적반하장격으로 "한국 내 영향력 있는 인사들이 민족주의를 부추긴다"며 반박했다.

그러나 윤동주는 주지하는 바와 같이 시 「별 헤는 밤」에 나오는 '패, 경, 옥, 이런 이국 소녀들의 이름과'란 대목을 통해 중국 한족 소녀를 '이국 소녀'로 칭하였고, 「고향집: 만주에서 부른」의 시에서는 '남쪽 하늘 저 밑엔/ 따뜻한 내 고향'이라 노래했다. 그리고 윤동주는 '재교토 조선인 학생 민족주의 그룹 사건'으로 연루되어 일본 후쿠오카 형무소에 수감되었다가 29세의 젊은 나이에 형장의 이슬로 사라졌다.

이와 같이 윤동주는 한글로 시를 썼고, 우리 한국인으로서의 정체성이 뚜렷한 자랑스러운 우리의 민족 시인임에 틀림이 없다. 역사와 문화에 대한 식견이 부족해서 생긴 답사 때의 부끄러운 일이다. 이에 항시 깨어있는 교사가 되기 위해 평생학습에 매진하며 모범을 보여야겠다.

- 《금강일보》 2021.03.08. 2면

호모 아카데미쿠스

벚꽃이 피는 순서대로 대학들의 위기가 온다는 속설을 아는지 모르는지, 벚꽃은 아무런 근심도 없는 듯 금년에도 만개하였다.

지난해 수능 지원자는 49만여 명이었고 대학 입학정원은 55만여 명이었다. 이에 따라 지방 사립대학은 물론 거점 국립대학도 미충원 사태를 비껴가지 못했다.

엎친 데 덮친다고 2023년에는 대학입학 정원에 10여만 명이 미충원될 것이라는 연구 결과가 나왔다. 나아가 통계청 자료는 향후 20년간 학령인구가 263만 명이 감소할 것으로 전망하고 있다. 그만큼 대학의 위기는 커져만 가고 학생들은 대학가기가 수월해진다.

대학의 위기는 대학만의 문제가 아니다. 초·중·고등학교의 교육에도 영향을 끼치고 있다.

대학의 연속된 미달사태를 보고 듣는 어린 학생들은 알게 모르게 '이제 공부를 안 해도 된다'는 안일한 생각을 하며, 공부하지 않아도 내가 가고 싶은 대학 마음대로 가고, 내가 하고 싶은 것 마음대로 할 수 있는 세상이 열렸다고 잘못 생각할 수도 있다.

그러나 세상 만물의 이치가 저절로 이루어지는 것은 하나도 없다. 로마가 하루아침에 이루어지지 않았으며 벚꽃 한 송이, 국화꽃 한 송이도 저절로 그냥 피지 않았다는 사실이다. 그것을 이루려는 간절함과 함께 피, 땀, 눈물을 흘리는 과정들이 모여 이루어졌음을 잊어서는 안 된다.

이렇게 생각한다면 내 꿈 역시 저절로 이루어질 리가 만무다. 시대의 변화에 따라서 더욱더 다양화해 진 꿈길 중에서 나의 빛깔과 향기에 맞는 꿈을 찾고 그것을 이루기 위해 열과 성을 다하는 절실한 노력이 있어야 한다. 이러한 과정들이 시대가 요구하는 공부요, 학습이다.

공부는 치열한 경쟁 사회에서 살아남고 발전하기 위해서, 또는 가족과 사회와 국가와 인류를 위해서 할 수도 있고, 세상에 대한 호기심과 스스로 무엇인가 알고자 하는 욕구 때문에 할 수도 있다. 교과서만을 공부하는 것이 아니라 우리의 삶 속에서 많이 체험하고 느끼고 성찰하며 저마다의 방식으로 멋지고 행복한 삶을 위해 노력하는 모든 것이 공부이다.

한 잡지사에서 '내 인생에서 후회되는 일'을 10대에서 70대까지 설문 조사하여 분석한 결과 전 영역에서 남녀노소 구분할 것 없이 '공부 좀 할 걸' 하는 것이 1, 2위에 올랐다. 공부에 대한 개념은 세대에 따라 다소 다를 수 있지만 공부하지 않은 지난 삶을 모두가 가장 후회한다는 것이다.

평생 공부하고 배우는 일에 게으르지 말아야 함을 강력히 시사해준다. 이이 율곡이 말한 청산, 유수와 같이 '만고상청'하는 길도 이런 것이 아닌가 한다.

그래서 일부 학자는 사람을 요람에서 무덤까지 공부해야 하는 존재라 이해하고 '호모 아카데미쿠스'로 명명하기도 했다. 공부는 인류 보편의 테마이자 인류 문명의 발전을 가능하게 하는 하나의 문화 코드라는 것이다.

　대학의 미충원 사태와 상관없이 우리는 우리 스스로의 꿈과 삶을 위해 끝없이 공부해야 한다.

- 《금강일보》 2021.04.05. 2면

토론을 넘어 토의, 협상 수업으로

코로나19로 인하여 대면수업이 원격수업으로 대체되기도 하면서 그 동안 활발하게 진행되던 활동적인 학생 중심 수업이 크게 위축되었다. 교실의 좌석은 일렬로 획일화되었고, 수업은 학생 참여 중심에서 일제 형 강의 중심으로 회귀하였다. 그 결과 잠자는 학생들이 요즘 부쩍 늘 었다고 우려하는 목소리가 높다.

이에 일선 교사들은 담당 교과의 특성을 살려 수업에 활력을 불어넣 는 다양한 교수학습 방법을 찾고 있다. 인문 교과에서는 고전적이기는 하지만 토론 수업이 그 대안으로 떠오르고 있다.

토론은 국가의 시민 의식과 민주주의를 평가하는 척도라 한다. 그래 서인지 언제부터인가 토론의 중요성을 인식하여 각급 학교마다 독서토 론 등 각종 토론대회가 생기고, TV에서는 〈끝장토론〉, 〈심야토론〉, 〈100분토론〉 등의 토론 관련 프로그램이 우후죽순처럼 생겼다. 그리고 국회의원, 지방자치단체장, 대통령 선거 때는 입후보자 초청 토론이 필 수가 되었다.

그러나 토론에서 승리하고자 하는 욕심 때문에 상대방의 논리의 허 점을 파고드는 것에 집착하면서 자기주장만 계속 되풀이하고, 말 끊기, 예단하기, 논점 이탈, 인신공격 등으로 상대를 공격하며 말다툼만 하다가 토론을 끝내는 모습을 종종 보았다. 그러다 보니 토론의 본질적인 의미와는 무관하게 어느 순간부터 토론 잘하는 사람은 상대의 잘못된 말만 찾아 비판하는 사람, 무슨 일이든 트집 잡고 억지 쓰며 큰소리치는 사람 등으로 낙인찍어서 그 사람을 회피하려는 경향마저 있다. 이러한 토론의 어두운 면 때문에 비경쟁토론대회가 생기고 이에 관심이 끌리는지도 모른다.

따라서 우리 학교에서의 토론은 토론의 기본적인 개념과 방법을 충분히 교육시키는 것이 우선이다. 그리고 논제를 파악하고 상대방의 의견에 귀 기울이며, 상대방의 전체 논리를 이해한 뒤에 논점을 세세히 구하는 점부터 가르쳐야 한다.

또 토론은 이기기 위해서가 아니라, 토론의 과정 속에서 더 많은 논리체계를 찾고 즐기며 저마다의 합리를 배워 나가는 의사소통 과정임을 기억해야 한다.

학교나 사회에서는 소통하는 민주사회의 발전을 위하여 토론대회만 개최하고 토론 잘하는 학생만 상을 주고 칭찬해주는 것을 재고해야 한다.

토론은 반드시 팀별로 일종의 집단적 사고와 의사 결정을 하는 협의를 통해 최선의 답을 구하는 토의를 걸친다. 또 우리의 일상은 토론처럼 찬반으로 나누어 상대방의 잘못된 점을 비판하면서 논리적으로 따지고 상대방을 설득하는 것보다 토의처럼 자유로운 협의를 통해 타협과 협상을 하는 것이 더 일반적이라는 사실이다.

협상은 그 중요성이 이미 인정되어 2015 개정 교육과정부터 국어 교과에서 정식 단원으로 학습하고 있다.

이제 토의 잘하는 학생, 협상 잘하는 학생도 높이 평가하고 이들을 주목하고 육성 발굴하는 방안을 연구해야 할 것이다. 제대로 된 토론, 토의, 협상 수업으로 민주시민을 육성하는 깨어 있는 교실이 되길 소망한다.

- 《금강일보》 2021.05.03. 25면

이제 침묵하지 마세요

학생들과 이야기를 나누다가 보면 선인들의 지혜가 담겨서 금과옥조와 같이 여겨왔던 속담이나 격언도 시대에 맞게 변화하는 언어의 생명력을 느끼곤 한다.

신세대에 맞게 변화하고 있는 속담으로는 "윗물이 맑아야 세수하기 좋다", "아는 길은 그냥 가라", "가다가 중지하면 일행한테 욕먹는다", "내일로 미뤄도 될 일을 굳이 오늘 하겠다고 악쓰지 마라", "길고 짧은 것을 꼭 대 봐야 아냐?" 등이 있다.

성격은 좀 다르지만 "침묵은 금이다"라는 격언도 이제 그 의미를 바로 찾아야 한다. "침묵은 금이다"라는 말은 침묵을 지키는 게 값지다는 말로 통용된다.

예로부터 "군자는 부득이한 경우가 아니면 말하지 않는다"라고 하여 말수가 적어야 함을 하나의 미덕으로 여겼다. 우리의 속담도 "가루는 칠수록 고와지고 말은 할수록 거칠어진다", "말이 많으면 쓸 말이 적다"라고 하였다.

성경에서도 "입으로 들어가는 것이 사람을 더럽게 하는 것이 아니라 입에서 나오는 그것이 사람을 더럽게 하는 것이니라"라고 하여 침묵의 중요성을 강조했다.

그러면 정말로 침묵은 금인가? 이 격언의 유래부터 찾아보자. 이 말을 처음으로 사용한 것은 고대 그리스의 정치가이며 웅변가였던 데모스테네스(Demostthenes)이다. 그는 "아테네 시민 여러분, 여러분도 나처럼 계속해서 말을 하세요. 침묵은 금의 가치밖에 없지만, 웅변은 은처럼 큰 가치가 있는 것입니다"라고 말을 했다. 당시에는 은이 가장 비싸고 금은 은보다 값이 쌌다. 이를 통해 우리가 알고 있는 통념이 잘못된 것임을 알 수 있다.

그런데도 침묵이 금처럼 값지다고 생각한 것은 사람들이 말을 적게 하고 언행일치하는 삶을 소중하게 여기고 있기 때문이다.

북벌론을 주창하고 중용을 강조했던 조선시대 유학자 윤휴는 그의 『백호전서』에서 "말할 만한 것은 말해야 하고, 말해서는 안 되는 것은 말하지 않아야 한다. 다른 사람에게 자신을 과시하기 위한 말은 하지 않아야 한다. 진실이 아니면 말하지 않아야 하고, 바르지 못하면 말하지 않아야 한다"라고 가르쳤다.

여기서 유념해야 할 것은 침묵하는 것이 아니라 말할 만한 것은 꼭 해야 한다는 것이다.

진실을 말해야 하고, 바른 것을 말해야 한다는 사실이다. "말 한마디에 천 냥 빚을 갚는다", "말은 해야 맛이고, 고기는 씹어야 맛이다"라는 우리의 속담과도 일맥 통하는 부분이다.

침묵이 미덕이 아니다. 대화에 참여하지 않고 침묵하는 것은 대화 분위기를 망치는 일이요, 대화의 원리에 어긋나는 일이다. 궁금한 점이 있으면 묻고, 생각이 다르면 말을 해야 한다.

요즈음은 예의에 어긋나지 않는 범위에서 창의적으로 낄 때 끼고 빠질 때는 빠지며 자기의 생각을 제대로 표현할 줄 알아야 하는 세상이다. 대입이나 입사 시험에서 침묵만 지켜서는 절대로 안 될 일이다. 때와 장소와 상대에 따라 달라지는 우리의 '바른 말하기' 결코 쉬운 일이 아니다.

- 《금강일보》 2021.05.31. 2면

6·25와 윌버포스 인권 포럼

지난 25일은 6·25 한국전쟁 71주년이 되는 날이다. 1950년 6월 25일 북한군이 남침하면서 일어난 6·25 한국전쟁을 기념하기 위해 제정한 법정기념일이다.

그런데도 코로나19 전염병과의 싸움 때문인지 이날 TV에서는 특집 극 하나 없이 평일처럼 지나갔고, 정부는 금년에도 북한의 인권 침해와 반인권 범죄를 규탄하고 책임 규명을 촉구하는 UN 북한 인권결의안에 연 3년째 침묵하면서, 2016년 어렵게 제정된 북한인권법을 시행하지 않고 북의 눈치를 살피고 있다.

이러한 사회적 분위기 속에서 본교의 2학년 학생들이 자치적으로 북한의 인권 문제에 관심을 가지고 북한 인권의 실상을 고발하는 '2021년도 윌버포스 인권 포럼' 전시를 하고 있어 이를 자랑삼아 소개하고자 한다.

윌버포스(William Wilberforce)는 영국에서 노예 제도 폐지를 주도한 '영국의 양심'이며, '영국의 링컨'이다. 21세의 젊은 나이로 하원의원에 당선되면서 정계에 입문한 윌버포스는 1807년 노예무역을 금지하는 법안이 통과할 때까지 20년간 노예 인권을 위해 길고도 숭고한 투쟁을 하였다. 2008년에 제작된 영화 〈어메이징 그레이스〉는 윌버포스의 이런 영웅적인 노예 인권 투쟁을 잘 그리고 있다.

우리 학생들은 이 윌버포스의 인권 사랑을 롤모델로 삼아 인권의 사각지대에 놓여 있는 북한의 인권을 다양한 형태로 고발하고 있다.

자유를 찾은 북한 출신 인권운동자 신동혁이 겪은 북한 수용소의 생생한 이야기를 다룬 『14호 수용소 탈출』과 북한 주민들과 탈북자의 인권 실태를 생생하게 기록한 북한인권정보센터의 『2020 북한인권백서』 등 10여 권의 도서와 북한 인권을 말하는 탈북 작가 시인들의 시화 10여 편, 북한인권시민연합이 자료를 제공해준 북한 꽃제비와 6·25 전쟁 때의 사진 20여 장, 현재 북한 삶의 모습을 보여 주는 동영상 등을 전시하고 있다.

또 우리 학생들이 한 학기 동안 북한 인권 관련 책을 읽고 토론하고 신문을 만드는 과정과 학생들이 읽은 독서록과 서평, 시화, 시, 인터뷰 등으로 구성한 '윌버포스 타임스' 신문 제작 결과와 앞으로의 일정까지 전시하여 북한 인권에 대한 학생들의 생각을 체계적으로 드러내고 있다.

본교 학생들의 인권에 대한 관심은 지난 5월 이미 학생회가 중심이 되어 미얀마 민주화 시위 도중 사망한 19세 태권소녀 마쩨신의 못다 이룬 꿈을 함께 이루기 위해 미얀마 민주화 운동을 지지하는 'EVERYTHING WILL BE OKAY 물들임 프로젝트'를 진행하여 사회의 관심을 집중시킨 바 있다.

이제 본교에서 싹 트기 시작한 '윌버포스 인권 포럼'이 북한의 인권 문제를 넘어 인류의 보편적 가치인 세계 평화, 인권, 문화의 다양성 등을 폭넓게 이해하고 실천하는 세계시민 육성 프로그램으로 크게 발전하길 기대한다. 그리고 모두가 서로의 인권을 존중하는 품격있는 사회가 되길 기원한다.

- 《금강일보》 2021.06.28. 2면

│ 이문펜, 한국펜, 국제펜

지난 금요일은 2014년부터 연 8년째 이어오는 별밤 진로독서캠프를 간소하게 끝냈다. 이 캠프는 코로나19 발생 이전에는 밤샘하면서 저자와의 만남, 진로특강, 대학생 선배들과의 대화, 하룻밤 한 권 읽기 등을 하며 한여름 밤 나의 꿈 찾기를 하는 나름 의미가 큰 행사였다.

이 행사를 통해 민찬, 김항중, 이재열, 김동주 교수의 인문 사회학 특강을 만났고, 풀꽃의 시인 나태주를 비롯하여 함순례, 이강산, 정일화 시인을 만났다. 그리고 송형섭, 이재철, 김은형, 이수철 등 글을 쓰는 각계의 인사들이 캠프에 참가해 학생들의 꿈 찾기를 도왔다.

지난 6월 초 금년에는 누구를 모실까 고민하면서 인터넷 검색을 하다가 문학 대통령이라 일컫는 국제PEN클럽 한국본부 이사장에 김용재 은사님이 당선된 기사를 보고 유레카를 외쳤다. 당선된 지 벌써 몇 달이 지났지만 축하를 겸해 특강에 모시면 좋겠다는 생각을 했기 때문이다. 금년에 창립 100주년을 맞는 PEN은 시인과 극작가(Poets, Play-wrights), 수필가와 편집자(Essayists, Editors), 소설가(Novelists)의 머리글자를 딴 전통 있는 국제적인 문인 단체이다.

사실 본인이 많은 애착을 갖고 지난 10년간 지도한 동아리 이름이 이문펜이다. 생기부 블라인드 평가라는 명목으로 교명이나 이와 유사한 이름의 동아리 이름은 안 된다고 하여 작년 7월부터 이문펜을 가슴에 묻고, 현재는 펜의 이미지를 유지하면서 '꿈은 반드시 이루어진다'는 의미의 몽당연필(夢當然必)을 동아리 이름으로 사용하고 있다.

이문펜은 교명 이문과 펜의 유사성을 아우른 것으로 저작 활동을 통해 창의 인성을 발휘하자는 뜻을 내포하고 있다. 책 읽고 토론하고 쓰는 다양한 창의적 활동으로 어떤 학생은 고문펜이라 하기도 하지만 그만큼 괄목할만한 성과들도 많았다.

이것은 필자가 학창 시절부터 글 쓰는 재주는 없으면서도 그 주변을 맴돌던 무의식의 바람이요, PEN클럽을 은연중에 선망한 흔적이기도 하다. 지금도 우리 동아리 학생들이 책 읽기와 NIE를 기반으로 각자의 진로와 연계하여 글쓰기와 신문 제작 등을 하면서 저자되기의 큰 꿈을 가꾸도록 열정을 갖고 지도하는 것은 내 안에 숨겨진 욕망의 그림자가 있기 때문인지도 모른다.

그러니 은사님께서 그 국제PEN클럽 한국본부 이사장에 부임하였다니 얼마나 기쁘고 또 기쁘지 않으랴. 한국펜 선거 사상 지방의 인물이 수장이 되고, 무투표 당선이라는 새 기록을 세웠다.

또 은사님은 영문과 교수답게 우리 문학에 대한 아낌없는 지원과 번역, 국제교류 등을 통해 한국펜의 노벨문학상 도전을 구체화시키고 있다. 뿐만 아니라 새로운 감각과 빼어난 문학성이 있다면 10대와 20대들에게도 적극 문단을 열어줄 것이라며 많은 젊은이들이 한국펜에 노크하여 주길 진심으로 희망했다.

이것이 나비효과가 되어 우리 학생들이 노벨문학상에 도전하는 국제적 문제의 작가로 성장하길 기원한다.

- 《금강일보》 2021.07.16. 2면

우리의 독도와 동해를 위하여

　7년 전 동아리 활동을 주관하던 창의인성부에 독도 교육 업무가 부가되면서 나는 독도와 깊은 인연을 맺었다. 그 후 독도와 동해에 관심이 있고 역사나 정치 외교에 진로를 생각하는 학생들을 모아 독도지킴이 동아리를 결성하고 독도 바로 알기 대회, 독도 관련 특강 개최, 독도지킴이 캠페인, 독도신문 만들기, 독도 글짓기 등의 활동을 즐겁게 펼쳤다.

　이런저런 활동으로 우리 동아리는 운 좋게도 1년에 한 번 이상씩 장관상을 수상하는 영예를 안았고, 3대가 덕을 쌓아야 입항할 수 있다는 독도는 우연히도 내가 갈 때마다 입항을 허락하였다. 그래서 혹자는 나를 독도 전문가 내지는 역사 교사로 오인하기도 한다.

　이런 연유에서인지 얼마 전 도쿄에서 폐막한 '제32회 하계올림픽'에서의 독도 문제가 그 무엇보다도 크게 다가왔다.

　독도가 우리의 영토라는 것은 수많은 옛 지도와 역사적 지리적 국제법적 자료들이 우리의 땅임을 입증하고 있고, 확실한 실효권을 가지고 현재 우리가 생활하고 있지 아니한가? 그런데도 일본은 세계인의 축제를 알리는 도쿄올림픽 홈페이지 성화 봉송로 지도에 독도를 자기들의 영토인 것처럼 슬그머니 표기하여 독도 침탈에 대한 야욕을 드러내 한일간에 큰 생채기를 남겼다.

　우리 정부와 국회, 시민단체들의 줄기찬 시정 요구에도 불구하고 일본은 IOC의 묵인하에 독도를 억지로 자기네 영토로 표기하여, 도쿄올림픽에서 우리의 '독도'는 '다케시마'로 기록되는 오류를 범했다.

지난달 24일 올림픽 홈페이지에 크림반도를 러시아 영토로 표기했다가 우크라이나의 항의를 받고 수정한 것과는 대조적이다.

그래서 지난 2018년 평창 동계올림픽 때 독도가 그려진 한반도기가 논란이 됐을 때, 정치와 스포츠의 분리라는 올림픽 정신에 따라 우리의 한반도기에서 IOC의 권고대로 독도를 지웠던 것이 생각할수록 분하다.

또 이번 올림픽에서도 이순신 현수막이 문제 되었을 때 이중 잣대를 가지고 있는 IOC를 압박해서 욱일기 사용 문제뿐만 아니라 일본의 홈페이지에 있는 점(독도)마저 완전히 빼었어야 했는데 하는 아쉬움이 크다.

한편, 올림픽이 끝난 도쿄에서 우리 한국계 교토국제고등학교가 4,000여 개가 넘는 일본 고등학교 야구팀 중에서 49개 팀만이 본선에 진출하는 '제103회 전국고교야구선수권대회(여름 고시엔)' 본선에 진출하여 "동해 바다 건너서… 힘차게 일어나라 대한의 자손"이라는 교가를 일본 공영방송 NHK에서 생방송으로 울려 퍼지게 했다는 기쁘고도 자랑스러운 소식이 전해졌다.

또 하나의 올림픽 대표팀처럼 기쁜 마음으로 응원해야겠다. 일본의 심장에서 '일본해'가 아닌 '동해'가 더 크고 더 우렁차게 더 많이 울려 퍼지길 기원한다. 마찬가지로 '다케시마'가 아닌 '독도'로 모든 것들이 시정되고 바로잡히길 소망한다.

우리의 독도와 동해를 위하여 그리고 동북아의 평화를 위하여 우리 모두가 21세기 독립운동가가 되어야 하겠다.

- 《금강일보》 2021.08.13. 2면

간절한 버킷리스트의
기적

언제부터인가 교직을 퇴직하기 전에 꼭 해보고 싶은 간절한 버킷리스트가 생겼다. 퇴직 전에 학교에서 떡 돌리기, 즐겁게 교육 봉사하기, 개인 문집 발간하기가 그것이다.

추수철이면 담 너머로 온 동네 떡을 돌리던 인심 좋은 곳에서 자란 덕분인지 나에게 떡은 하나의 인심이요, 풍요요, 감사이다. 그래서 애가 돌이 되었을 때 돌잔치를 하고 비누에 애의 사진을 스티커에 담아 떡과 함께 돌리던 그 행복했던 일을 잊을 수가 없다. 아직도 어떤 선생님은 우리 애 얘기가 나오면 "장군이가 벌써 대학생이야. 떡과 비누 돌리던 때가 엊그제 같은데" 하며 대견스러워한다. 그 이후로 떡을 돌릴 만큼 특별히 좋은 일이 없었다. 그래서 떡 돌리는 사람들을 부러워하며 "나는 언제 떡을 돌리나" 떡 돌리는 사람이 선망의 대상이었다.

또 학생들과 동아리 활동을 하다 보니 지원금으로 책도 사주게 되고, 독서하는 시간도 많아졌다. 어떤 때는 동아리 이름으로 책을 기부할 수 있어 두 배로 큰 기쁨을 누리기도 했다. 최근 코로나로 인해 중단되었지만, 학생들이 외부에 나가 책 읽어 주기 교육 봉사를 하며 기뻐하는 모습을 보고 덩달아 기뻐하기도 했다.

이제야 나누고 베푸는 즐거움을 조금씩 느끼고 있다. 앞으로도 교직

현장과 사회 일선에서 나로 하여금 주변 사람들도 즐겁고 행복해 할 수 일이 많았으면 좋겠다.

끝으로 국어 교사로서, 문학도로서 학교 현장에서 일어난 일들을 틈틈이 기록했다. 어떤 때는 학생들의 문집으로 어떤 때는 신문으로 어떤 때는 밴드나 카톡 등에 기록을 남겼다. 교직에서의 이런저런 파편들을 모아 온전한 나만의 문집을 발간하고 싶다. 그날을 위하여 부지런히 글쓰기를 해 왔고 앞으로도 계속할 것이다. 퇴직 후에도 내 이름 석자를 걸고 한 달에 한 번씩이라도 칼럼을 집필하고 싶다. 항시 공부하고 현실에 깨어 있는 행복한 오피니언이 되고 싶다.

목표가 너무 많으면 이루어지지 않을까 염려되어 이처럼 간단한 목표를 세워 놓고 기도하는 마음으로 간절하게 생각하며 하나하나 실천해 왔다. 물론 학생들 가르치는 일에도 소홀히 하지 않았음은 두말할 나위가 없다. 그것은 교사로서 해야 할 일 중에 기본 중에 기본이고, 기본이 흔들리면 다른 모든 것이 흔들리는 사상누각이 되기 때문이다.

교직 35년을 맞이하면서 그 간절함이 통한 것인지 30년 전통의 큰 교육상을 받게 되었다. 간절한 꿈들이 현실로 이루어지고 있다. 감사의 떡도 돌리게 되었고, 조금이나마 교육 기부도 할 수 있게 되어 기쁘다. 또 이것이 계기가 되어 개인 문집 만드는 일에도 박차를 가하게 되었다. 그래서 나는 이를 '간절함이 이룬 기적'이라 말한다.

이제, 인생 2막을 위한 또 다른 간절한 버킷리스트를 꿈꾸어야겠다. 더 큰 기적을 꿈꾸며….

- 《금강일보》 2021.09.10. 2면

에듀테크 쇼
단체 참관

   '2021 에듀테크 쇼+초등교육전'이 지난 9월 30일부터 10월 3일까지 서울 코엑스홀에서 개최되었다. 행사를 알리는 공문이 학교에 접수되었고, 공문에는 학교장 수신, 교무부장, 과학정보부장 참조로 되어있으나 본교에서는 에듀테크 선도학교 업무를 맡고 있는 나에게 공문을 배정하였고, 나는 초등교육전이라는 제목만 보고 대수롭지 않게 접수 후 사장시켜 버렸다. 그런데 며칠 후 교장 선생님께서 "에듀테크 쇼 관련 공문 한번 읽어보셨어요"라고 물으신다. "예, 그거요. 초등교육전이던데요" 하고 그냥 넘기려 하자 그것이 아니시란다.

   우리 학교가 에듀테크 선도학교지만 초등학교는 이미 에듀테크를 활용한 수업을 활성화하고 있으니, 수업 내용은 다르더라도 수업에 어떻게 적용하는지 배울 게 많다는 것이다. 그러니 학교 선생님 전부 같이 보고 오면 안목도 넓히고 인식도 달라질 것이라는 확고한 의지를 표명했다.

   그런데 문제가 한둘이 아니다. 언제부터인가 주 5일제가 되면서 금요일에 늦게 끝나는 학교 행사는 환영받지 못한다. 그것을 알기에 금요일을 피하려 머리를 짜냈지만 소용이 없었다.

   그리고 수업이 고민이었다. 행사하는 곳이 서울이다 보니 가고 오는 시간에 차가 밀리는 것까지 감안해야 하고, 수업결손이 없어야 하며, 너무 늦게 돌아와도 안 된다는 조건을 충족시켜야 했다. 이런 점을 염두에 두고 교무기획부와 숙의 끝에 이날은 학생들이 평소에 모두 등교하는 7시 40분부터 45분 수업으로 5교시를 마치고, 점심 식사 후 하교시키기로 하였다. 그리고 오후는 공동체의 날로 대체하였다.

다음은 코로나 방역과 안전 문제이다. 백신 접종이 활발히 이루어지고는 있으나 서울은 아직도 4단계 위험지역이다. 만약에 하나라도 잘못된다면 그 후폭풍을 어찌할 것인가? 점심은 학교에서 먹는다고 하더라도 늦게 귀교할 것이 뻔히 예상되는데 저녁은 어찌할 것이며, 음료는 또 어찌할 것인가? 설왕설래 말들도 많고 풀어야 할 숙제만 늘어갔다. 방역은 매뉴얼대로 철저히 소독하고 KF94 마스크를 쓰고 거리 두기를 유지했다. 또 저녁은 포장 배달로 귀교 후 귀가하여 먹을 수 있게 준비했다. 그러나 버스 안과 행사장에서 일체의 먹을 것들은 금지했다. 일을 추진하는 입장에서 정말로 미안하고 또 미안할 따름이다.

이렇게 어렵게 이루어진 단체 참관이어서 그런지 주최 측에서 준비한 메타버스 세미나 강의를 귀담아 듣고, 교과별로 삼삼오오 흩어져 '우리가 이 에듀테크 기기를 구입한다면 이것을 내가 맡은 교과수업에 어떻게 활용하고 적용할 것인가'를 서로 협의하고 고민하면서 진지하게 참관하는 선생님들의 모습이 정말로 아름다웠다.

부디, 에듀테크 쇼 단체 참관한 소정의 성과가 학교 현장에서 유감없이 발휘되어 본교가 에듀테크를 넘어 미래교육을 선도하는 그날이 오기를 기원한다.

- 《금강일보》 2021.10.08 2면

소제동 철도관사촌
단상

국어 교사는 문자로 기록된 것은 그 내용이 무엇이든 텍스트로 공부하고 가르쳐야 한다는 말이 있다. 그러한 사명감으로 내가 향토역사문화 동아리를 운영한 지도 벌써 6년이 지났다.

매년 향토역사문화 테마를 정하여 전문가들을 초빙해 강의를 듣고 학생들과 그곳을 답사하고 체험하며 그곳의 문제점에 대해 해결방안을 논의해 왔다.

금년 10월에는 코로나 방역수칙을 철저히 지켜가며 소제동 철도관사촌을 동아리 학생들과 함께 다녀왔다. 언제부터인가 복고풍의 문화가 살아나면서 철도관사촌에 카페와 이국적인 음식점이 생긴 후 입소문을 타고 젊은이들이 모여드는 곳이다.

1904년 근대의 상징이라 할 수 있는 대전역이 생기고 1905년 경부철도와 1914년 호남철도가 대전을 통과하면서 대전은 내륙 철도교통의 중심지로 부상했다. 철도를 통해 전국 어디든 편하게 오고 갈 수 있는 지리적 중요성 때문에 철도 건설을 위한 일본 관료, 기술자, 노동자들이 이곳 역 근처 소제동에 거주하면서 철도관사촌이 형성되었다.

현재는 한국 전쟁과 도시화 이후 대전역 주변의 총 100채의 철도관사 중 소제동의 동관사 40여 채만 남아 있다. 일본의 건축양식과 한국인의 생활 문화, 유교적 전통과 근대가 1백여 년간 중첩되면서 그 어느 곳에서도 보기 힘든 철도관사촌만의 독특한 정체성이 생겨 '도심 속 문화의 섬'을 이루고 있다.

그러나 대전역세권 재개발과 도시철도 2호선 대전역 경유 등이 본격적으로 논의되면서 소제동의 철도관사촌도 변화의 바람을 피하지 못하고 있다. 철도관사촌 일대가 철거되고, 주거형 신 건축물이 들어설 준비를 하면서 역사 속으로 사라질 위기에 놓여 있다.

학생들과 우리 대전지역 향토역사문화의 보존을 논의할 때마다 송촌동을 개발할 때에 동춘당공원을 좀 더 넓게 확장하고 거기에 대전의 유교문화를 상징할 수 있는 송준길, 김호연재 기념관 내지는 박물관을 설립하든지, 선비문화원을 건립하여 우암 사적공원과 연계시켜 청소년 문화센터로 활용했더라면 하는 아쉬움을 얘기한다. 또 서대문형무소 역사관이나 중국의 뤼순 감옥 역사관을 볼 때마다 옛 대전형무소도 이와 같이 문화유산으로 보존했었으면 하는 안타까움을 토로한다.

소제동의 철도관사촌에는 이런 아쉬움이 남지 않았으면 한다. 옛 건축물과 예술을 접목하여 개성 넘치는 카페와 벽화 거리를 만들고, 소제동의 역사적 가치를 알리기 위하여 대전의 과거부터 현재까지의 무형문화재 전수과정을 전시하고 연구하며 계승 발전시키는 전통나래관을 건립하였으나 이것만으로는 철도관사촌을 지키기에 역부족이다.

이제 대전은 철도의 도시답게 철도의 역사와 문화에 관심을 갖고 철도관사촌의 역사적 의미를 소중히 인식하고 보존하며 지속가능한 철도문화와 도시발전을 위해 다 같이 지혜를 모아야 할 때다.

- 《금강일보》 2021.11.05. 2면

새 출발, 새 다짐

학교에서 새 출발, 새 다짐이라는 말은 주로 새 학년 새 학기가 시작되는 3월, 혹은 9월에 자주 쓰이고 새해를 맞이하는 1월에 주로 사용한다. 그것은 이달이 그 나름의 의미가 크고 강조해야 할 만큼 새로운 출발점이 되고 새로운 각오를 다지는 동기부여에 적합하기 때문이다.

그런데 나는 쉰아홉 살 11월에 새로운 의미를 부여하고 새 각오를 다진다. 정치인들이 큰일을 앞두고 현충원에 들려 참배를 하듯이 지난 주말에는 아이를 데리고 선산에 다녀왔다. 명절 이외에 특별한 이유로 선산의 부모님 묘소 앞에 참배를 드린 것은 교직 생활 36년 동안에 이번이 세 번째이다.

2003년 여름 어머니께서 그렇게 소원하시던 학위를 어머니가 돌아가신 뒤 뒤늦게 받으면서 생전에 학위기를 안겨드리지 못한 후회와 죄송한 마음으로 찾아뵌 것이 그 첫 번째요, 2010년 스승의 날 이례적으로 평교사로서 국무총리 유공 표창을 받고 자랑스러운 마음에 한걸음에 내달아 최선을 다하는 교육자가 되겠다는 결심을 한 것이 그 두 번째이다. 그리고 세 번째가 2021년 11월 24일 '제30회 눈높이 교육상'을 수상하고 그 주말에 결연한 의지로 또 다른 출발을 고하였다.

세상 사람들은 우리의 교직과 사회가 코로나 이전과 이후로 완연히 달라졌다고 한다. 그만큼 코로나가 우리 사회에 많은 변화와 영향을 끼쳤다. 그런데 나에게는 이 코로나로 인한 교육계의 전환보다도 더 큰 인생의 전환점이 바로 눈높이 교육상 수상이다.

눈높이 교육상은 성실하고 우직하게 교단을 지켰던 나의 36년간의 교직 생활에 '눈높이 교육'이라는 새로운 의미와 가치를 부여해주었다.

행복한 오피리언 리더를 육성한다고 무척이나 힘든 과제들이 많았음에도 불구하고 슬기롭게 잘 이겨내며 소정의 목표 달성까지 기꺼이 동행해주었던 많은 국어수업 학생들과 이문펜, 몽당연필 동아리 학생들, 물심양면으로 응원해주었던 동료 교사와 교장 선생님을 비롯한 이문교육가족, 그리고 묵묵히 교육활동을 지지해준 가족들 모두에게 감사와 고마움을 표한다.

우리는 그 무엇인가 서로에게 의미 있는 존재가 되고자 서로 눈높이를 맞추었고, 그들이 나를 그 안에 포함시켜 주었음에 거듭 감사한다. 그들이 나를 인정해주고 나에게 힘을 실어주며 부드럽게 던져 준 격려와 따뜻한 응원이 큰상을 만들어 주었다. 오늘의 이 영광과 영예스러움을 이제 자랑스러운 자긍심으로 그들에게 더 감사하고 고마운 마음으로 다가가 다시 눈을 맞추는 것으로 보답해야겠다.

또 교직을 떠나서라도 학교 안과 밖에서 내 주변의 사람들과 그리고 온갖 사물과 세상을 지금보다 더 따뜻하게 더 깊이 있게, 눈을 맞추며 서로 사랑하고 공감하며 나누는 더 좋은 선생님, 더 훌륭한 교육자가 되어 진정한 눈높이 교육자로 거듭나 교학상장의 참교육을 실현해 나가야겠다. 앞으로 더 좋은 일로 선산에 자주 다녀왔으면 한다.

- 《금강일보》 2021.12.03. 2면

멈추지 않는 교육활동

지금은 각급 학교들이 기말고사를 끝내고 한 학년을 마무리하는 소중한 시간을 보내고 있다. 우리 학교는 매 학기 기말고사를 끝내고 교과데이와 동아리 페스티벌을 펼친다.

이번 학기에도 28일까지 8일간 '창의와 인성이 강물처럼 흐르는 꿈과 열정, 그리고 도전'이라는 슬로건을 내걸고 교과와 동아리의 특성을 살린 특강 및 북콘서트, 체험 부스, 발표회, 교육활동 전시 등 35개 프로그램이 운영되고 있다. 코로나19의 영향으로 프로그램이 많이 줄어 안타깝다.

이런 얘기를 하면 학교 밖에 있는 사람들은 미쳤다고들 한다. "이 엄중한 코로나19 기간에 무슨 축제냐"고 걱정한다. 그러다가 "만약에 한 명이라도 확진자가 나오면 어찌할 것이냐"고 묻는다.

이런 말을 들을 때마다 동아리 활동을 총괄하며 일을 주도적으로 해야 하는 교육활동 팀장으로서 고민이 많아진다. 그렇게 걱정을 해주시는 분들의 말도 모두가 틀린 말은 아니기 때문이다.

학생들과 교사들의 건강과 안전이 그 무엇보다도 중요한 것은 두말할 나위가 없다. 그래서 무슨 일을 하려면 "코로나19 기간인데 그것은 좀 어렵지 않나요?"라는 물음부터 던지는 말도 충분히 이해하고 공감한다.

그렇다고 코로나19 기간이라고 해서 모든 교육활동을 멈출 수는 없지 않은가? 시간은 코로나19 이전이나 이후나 멈추는 것을 허락하지 않고 변함없이 흘러만 간다.

또 세상에는 위험 부담 없이 저절로 이루어지는 것이 하나도 없다. 그 위험을 슬기롭게 이겨내고 잘 관리했을 때에 더 의미 있고 가치가 있지 않은가.

따라서 우리 학교는 코로나19 방역수칙을 철저히 지키면서 우리가 해야 할 기본적인 교육활동을 계속 전개해나가기로 했다. 이에 따라 190석 크기의 나래홀에서의 행사는 방역수칙에 따라 49명 미만만 입장 시키고 입장한 학생들도 거리두기를 하고 있다.

나머지는 교실에서 실시간 방송을 시청하며 참여하고 있다. 그리고 체험활동 장소에는 모든 음식물 반입을 금지하고, 인솔 교사와 안전요원을 배치하여 손 소독과 KF94 마스크 쓰기 및 거리두기를 지도하며 이것이 지켜지지 않을 시에는 체험장 출입을 제한시키는 등 학교에서 할 수 있는 방역수칙을 총동원하여 안전하고 건강한 행사가 되도록 노력하고 있다.

이는 코로나19 변이의 전파가 위험한 것도 잘 알지만, 우리 학생들의 성장과 교육은 그 못지않게 중요하기에 그 어려움 속에서도 등교 수업을 하고 과정형 수행평가를 하고, 학습용 전용 노트북을 지급하여 새로운 형태의 수업을 하는 것과 같은 논리이다.

축제도 교육이요 체험활동도 공부이다. 다만 교육환경의 변화에 따라 온라인과 오프라인을 겸하기도 하고, 온라인으로만 진행하기도 하는 등 상황에 따라 융통성을 발휘하고 있다.

아무쪼록 모두가 한마음으로 협력하여 이번 행사가 잘 마무리되고 내년부터는 코로나19 걱정을 하지 않는 건강한 학교 환경에서 더 재미있고 행복한 학교생활이 펼쳐지길 기원한다.

- 《금강일보》 2021.12.27. 2면

이순의 최고참 선배

지난주에는 가까운 주변 분들과 떡국을 먹으며 신년 인사를 나누었다. 금년의 떡국은 내가 벌써 60세가 되었고, 학교에서는 최고참 선배가 되었다는 특별한 의미를 지닌다.

사람의 나이는 살아온 연수를 한 살씩 더해가는 '숫자적 나이'와 체력이나 건강도를 측정하는 '건강 나이', 정신 상태를 나타내는 '영적 나이'가 있는데, 금년에 내가 60세가 된 것은 우물쭈물하다가 먹어 버린 단순한 숫자적 나이이다.

건강 나이는 60세가 넘은 지 훨씬 오래된 것 같다. 언제부터인가 병원에 가기가 두렵다. 어린아이들이 병원에 가기 두려워하는 그것과는 차원이 다른 것이다.

아프고 이상이 있는 곳은 늘어가지만 그렇다고 섣불리 병원에 가지 못하는 것이다. 빨리 가서 진료받고 치료해야 함을 알면서도 두려움이 앞서는 나이가 되었다.

이런 연유로 큰마음 먹고 지난 연말부터는 다이어트를 시작했다. 학생들과도 "1년 후 다이어트를 통해 너희들 앞에 멋진 선생님으로 다시 태어날 것이다"라고 약속했다.

그러나 이런저런 핑계로 운동하기가 싫어지고 있다. 이것의 약발도 다해가는 것 같다. 다시 마음을 가다듬고 몸과 마음이 모두 건강한 해가 되도록 노력해야겠다.

영적 나이를 얘기할 때에 60세를 이순(耳順)이라고 한다. 60세가 되면 인생에 경륜이 쌓이고 사려와 판단이 성숙해 남의 말을 듣는 대로 이해할 수 있게 된다는 것이다.

이 말은 『논어』「위정」 편에서 공자가 60이 되면서 천지만물의 이치를 통달하고 듣는 대로 모두 이해할 수 있게 되었다는 데서 유래한다.

공자의 인격에 미치지 못해서 그런 것이지만 근래에는 교사 다면평가 가산점 부여 범위를 놓고 옥신각신했다. 긍정적으로 보면 아직도 열정이 살아있는 것이고, 부정적으로 보면 욕망이 많은 것이다. 열정과 욕망이 개인과 사회의 발전에 도움이 된다는 어느 철학자의 이야기가 있기도 하지만 그것의 잘잘못을 떠나 최고참 선배 교사 언행으로서의 적절성을 깊이 성찰해본다.

이순은 남의 말을 듣는 것에서부터 시작한다. 한자의 '들을 청(聽)' 자는 '귀(耳)를 주인(王)으로 해서 진지한 눈(十目)으로 바라보며 한마음으로(一心) 듣는다'라는 의미이다.

그러니까 남의 말을 들을 때는 귀로 듣고 눈으로 듣고 마음으로 듣고 온몸으로 귀를 기울여 집중해 들어야 한다. 여기에 열린 마음으로 맞장구까지 치면서 공감하며 들으면 금상첨화이다.

우리는 모든 갈등과 불행이 듣지 않음에서 시작됨을 모르지 않으면서 남의 말을 잘 듣지 않고 자기의 말만 많이 하는 비극의 주인공이 되곤 한다. 그래서 새해에는 이순의 나이에 걸맞게 나의 얘기는 적게 하고 젊은 후배 교사들의 이야기를 경청해야겠다.

젊은 후배 교사들 앞에서 지난 세월을 자랑하지 않으며, 그들과 공감하며 서로 격이 없이 소통하고 싶다. 언제나 진실하고 언제나 때와 장소에 맞는 풍부하고 유쾌하고 품위 있는 모습을 지닌 귀가 크고 순한 멋진 선배가 되고 싶다.

- 《금강일보》 2022.01.14. 2면

교사와 농부

흔히 "나 때는 말이야"라고 일컫는 선배 교사들은 참 좋은 시절에 교직 생활을 했다는 생각이 든다. 그때는 그때 나름 학생들을 가르치는 데 어려움이 컸지만, 방학이 몇 달씩이나 있고 시험 기간에는 놀던, '오뉴월 농부 팔월 신선'이었다.

옛날 농부들은 오뉴월(음력) 농번기에는 발등에 오줌을 쌀 정도로 분주하고 지옥같이 고생스러웠어도 팔월이 되면 수확의 기쁨으로 신선놀음하듯 풍성함 속에서 편안하게 지낼 수 있었다.

이렇듯 지난 시절 교사와 농부는 참 많이 닮아 있는 듯도 하다. 일과 쉼이 어느 정도 구분되어 있어 바쁜 일정을 소화한 그다음은 비록 가진 것은 많지 않아도 마음만은 풍요롭고 여유로워서 주위로부터 부러움의 대상이었다. 그러나 어느 순간 세월이 흐르면서 교사는 교사대로 농부는 농부대로 모두가 여유로움이 없어지면서 하루하루를 숨 가쁘게 살아가고 있다. 이때부터 교사와 농부는 부러운 선망의 대상에서 평범한 일상의 대상으로 변화했다.

요즈음 농부들은 팔월이 되어도 신선놀음하는 것이 아니라 태풍과 장마를 대비해야 하고, 병충해가 없는 건강한 농작물의 결실을 위해 지속적으로 농작물을 관찰하고 기록하고 연구한다. 그리고 다음 해 농사 계획을 세운다. 농작물은 농부의 발짝 소리를 듣고 자란다고 하듯이 끝없는 애정과 사랑을 쏟아야만 좋은 성과를 거둘 수 있다.

교사들도 쉴 틈이 없는 것은 마찬가지이다. "교사들은 방학 때에 놀면서 세금을 축내는 적폐"라고 혹평하는 사람도 있다. 그러나 방학은 어디로 튈지 모르는 질풍노도의 시기를 보내는 학생들과 교육현장에서 동고동락하던 교사들이 잠시 숨을 고르고 성찰하며 새로운 것을 배우고 가르칠 준비를 하는 소중한 시간이다. 그리고 학교 밖에서 볼 때 시험 기간에 교사들은 학생들과 대비되어 여유 있어 보이지만 그 여유는 내신 성적이 강조되면서 "성적에 오류가 없어야 한다."는 강박감에서 오는 불안과 초조로 극도의 스트레스가 잠재된 시한폭탄이다.

그래서 방학과 시험 기간의 교사들은 한가로운 호수 위의 백조와도 같다. 겉으로는 여유 있고 한가롭지만 실상 물밑에서는 보이지 않게 쉬지 않고 물갈퀴를 젖어대는 노력을 하기 때문이다. 또 혹자는 가르쳐 보지도 않고 "대학에서 전공한 교과를 가르치는 것인데 수업만큼 쉬운 것이 어디에 있느냐"고 한다. 수업은 시대와 상황에 따라 수시로 변하는 교육과정에 맞추어 수시로 업그레이드 시켜야 한다.

수업은 쉽지만, 학생들에게 인정받고 학생들에게 필요한 수업은 아무나 할 수 있는 것이 아니고 그렇게 쉬운 것이 아니다.

따라서 교사는 농작물을 가꾸는 농부의 마음으로 우리 학생들을 바르고 건강하게 육성하기 위하여 그들을 사랑하고 그들과 눈높이를 맞추며, 항시 지식과 지혜가 조화로운 품격 있는 교육을 해야 한다.

- 《금강일보》 2022.02.11. 2면

새내기들의 입학을 축하하며

코로나19가 계속 확산하는 가운데 각급 학교는 정해진 약속대로 3월 새봄의 시작과 함께 새내기들을 맞이했다.

입학식을 하면서 전체 교육 가족이 같이 모여서 축하해주고, 신입생과 재학생들이 서로 마주 보면서 집단으로 쑥스럽게 인사를 나누던 첫 대면식 장면은 이제 찾아보기 힘들어졌다. 대신 학교의 사정에 따라 방역 규칙을 준수하며 소규모로 입학식을 하고, 실시간으로 중계를 하는 것이 자연스러운 신풍속도가 되었다.

각급 학교에서 새롭게 출발하는 새내기들의 입학을 진심으로 축하하며 현직 교사로서 이들에게 몇 가지 당부의 얘기를 전하고자 한다.

첫째, 새로움에 잘 적응하자는 것이다. 새로운 상급 학교로의 입학은 교육 환경의 급격한 변화이기도 하다. 학교가 바뀌면서 선생님도 바뀌고 친구도 바뀌고 학습 내용도 바뀐다. '로마에 가면 로마인이 돼라.'고 했듯이 입학한 학교에 잘 적응하는 것이 최우선이다.

거미가 그물망 거미줄을 칠 때 첫 줄을 가장 중요하게 여긴다. 첫 줄이 질기고 강해야 다음 줄을 계속 엮을 수 있기 때문이다. 그래서 거미는 첫 줄을 칠 때 몇 차례 줄을 치고 걷어내기를 반복하여 가장 질기고 강한 첫 줄을 완성한다. 이렇듯 새로 시작하는 일은 어렵고 힘들지만, 첫 단추를 잘 꿰어야 그다음이 쉽다.

따라서 '현재 여기 이 순간'의 소중함을 깨닫고 현실에 잘 적응하면서 입학할 때에 처음 다짐했던 각자의 결심과 계획을 실현하기 바란다.

둘째, 꿈을 가지고 도전하자는 것이다. 사람은 꿈을 먹고 산다. 꿈을 가질 때 삶이 활기차고 생명력이 있다. 학교생활을 하다가 보면 때로는 힘들고 지루하고 방황할 때가 있다. 이것을 극복할 수 있는 것이 꿈이요 희망이다.

내가 가장 잘하고 잘할 수 있는 그 무엇을 찾고 그것을 더 잘하기 위해 온 힘을 다해 실패를 두려워하지 않고 도전하는 것이 중요하다, 세상의 모든 일은 힘껏 도전하지 않고 저절로 이루지는 일이 없다. 내일의 확실한 목표가 오늘의 나를 결정지어 주고 밝은 미래를 약속한다.

셋째, 많은 체험활동을 하자는 것이다. 현대인을 일컬어 디지털 유목민이라 한다. 이제 인류는 한 곳에 정착하여 하나의 직업으로 생활하는 시대가 아니라 삶의 질을 극대화하기 위해 정보와 지식을 중심으로 자유롭게 창조적으로 활동하고 있다.

학교는 학생들의 사회화를 촉진하는 기관으로서 이 같은 흐름에 앞장서서 새로운 시대를 열어갈 토대를 마련해줄 것이다. 교과뿐만 아니라 다양한 체험과 교육활동을 하면서 새로움을 깨닫는 즐거움을 만끽하길 바란다. 부디 몸과 마음을 건강하게 하면서 꿈을 실현하는 행복하고 멋진 학교생활을 하기 바란다. 새내기 여러분들의 꿈과 도전을 향한 열정적인 활동을 적극적으로 응원하고 지지한다.

- 《금강일보》 2022.03.11. 19면

반려동식물과 생명 의식

지난 수요일 1교시, 수업 시작 후 채 몇 분이 안 돼서 영준이가 영문도 없이 하늘이 무너진 듯 울었다. 교직 생활을 하면서 수업 시간에 이렇게 슬프게 우는 학생은 처음 보았다. 큰일이 일어났다는 직감과 함께 가슴이 철컥 내려앉았다. 학교폭력이라도 일어난 것인가? 평소 수업에만 열중이었던 영준이를 무엇이 이토록 슬프게 했단 말인가?

문제해결을 위해 수업을 잠시 중단하고 영준이를 복도로 불러내어 진정시키고 자초지종을 물어보았다. 그러나 너무 슬픈 나머지 울기만 할 뿐, 말을 잊지 못해 그 옆 상윤이도 복도로 불러 영준이를 다독이며 왜 우는지를 조심스레 살폈다. 어느 정도 진정이 된 다음, 영준이가 정신을 차리고 부끄럽고 미안한 듯 겸연쩍게 간신히 말문을 연다. 오늘 등교 무렵 초등학교 때부터 같이 생활하던 반려견 토리가 운명을 다하여 부모님께 뒷수습을 맡기고 부랴부랴 등교하였지만, 자꾸 토리 생각이 나고 너무 슬퍼서 눈물을 주체할 수 없었다는 것이다.

잠시 머리를 스쳤던 학교폭력이 아니어서 천만다행이긴 하였으나 새로운 세대들의 또 다른 고민이라는 점에서 새로운 과제를 안은 듯했다.

이후 수업 나눔의 자리에서 선생님들과 자연스럽게 반려동식물에 관한 이야기를 나누었다.

반려동물 호텔에서부터 반려동물 병원과 장례식장, 반려동물 관리사

등에 대한 시대적인 변화와 함께 진로교육에 대해 얘기를 하였고, 이 제는 반려식물까지 나와 생명 의식이 예전과는 다르다는 점을 논의하 며 제자백가식으로 앞으로는 어떻게 변할 것인가 나름의 견해를 밝히 며 모두 흥미로워했다. 반려동식물이 운명을 다했을 때 조만간에 특별 휴가 내지는 학교장 인정 결석 처리를 하여야 할지도 모른다는 예측을 하였다. 영준이의 처절한 흐느낌에서 볼 수 있듯이 요즈음 우리 학생 들은 반려동식물의 죽음이 집안 어르신들의 죽음 못지않게 큰 슬픔과 아픔으로 기억한다는 것이다.

그리고 이러한 정서들은 학생들만의 일이 아니기 때문에 상부상조의 미풍이 전통적으로 잘 이어지고 있는 우리나라의 특성을 고려할 때 반 려동식물 조의금을 전달하는 날도 멀지 않았다는 점에 서로 공감했다.

한편 자리를 같이했던 최 선생님은 알레르기 반응이 있을 정도로 평소 강아지를 무척 싫어했었는데 우연한 기회에 반려견을 기르게 되 었고 지금은 가장 사랑스러운 식구가 되었다고 소개하며, 퇴근길에 반갑게 달려와 꼬리를 흔들며 반겨주는 유일한 식구라고 끝없이 칭찬 했다. 또 전 선생님은 그들이 요즈음 나이가 들어 병원 치료를 받고 있고 그들과 산책하며 소일하는 일상과 함께 혹시 모를 앞으로의 일 을 대비하여 그들과 얼마 전에 가족사진을 찍은 일까지 자랑하였다.

피터 싱어의 '동물 해방'과 같은 학문과 철학을 논하지 않더라도 반려 동식물들에 대한 현세대의 생명 의식에 필자도 적극적으로 동조한다. 하지만 왠지 사람이 후순위로 밀리는 듯한 이 슬픈 느낌은 무엇일까?

- 《금강일보》 2022.04.08. 2면

교과교실제와 집단지성

필자가 근무하는 학교에서는 금년도에 고교학점제 학교 공간조성을 위한 교과교실 구축 사업을 한다. 그 일환으로 이번 주 중간고사 기간을 활용하여 고교학점제 학교 공간조성을 위한 촉진자와 함께하는 교과교실제 교사 협의회를 하였다.

필자는 교과교실제 총괄팀장으로서 정해진 횟수와 일정을 성공적으로 잘 마무리하기 위해서 사전에 선생님들과 우리 학교 교과교실제의 비전 및 일정 등을 안내하고 소개하는 워크숍을 진행하였다. 그리고 교과교실제 TF팀에 참여하는 선생님들 중심으로 촉진자와의 협의를 위한 팀별 미션을 수행한 후, 팀이 맡은 영역의 교과교실 개선안을 1차 협의회 때부터 정리하여 발표하고 촉진자로부터 피드백을 받기로 하였다.

대부분의 교사들이 주지하는 바와 같이 언제부터인가 시험 원안을 출제하고 시험을 관리하는 것이 수업하는 것보다 더 스트레스받고 힘들다. 그럼에도 불구하고 2010년 과목 중점형 교과교실제를 통해 변두리 기피 학교에서 전국적인 혁신 명문으로 거듭난 본교의 숨은 DNA가 살아난 것인지 이 협의회를 위해서 아니 우리 학생들의 편안하고 행복한 미래교육 공간조성을 위해 참여한 모든 선생님들이 고맙게도 시험 기간 스트레스받고 없는 시간을 쪼개서 좋은 아이디어들을 창출하고 공유하며 집단지성을 발휘하고 실천했다.

미션을 맡은 전 선생님들이 팀별로 협의회를 거쳐 맡은 영역의 공간을 평면도와 함께 사진으로 현재의 문제점을 제시하고 개선 방향을 디자인하거나 이상적인 리모델링 안을 관련 자료를 찾아 PPT로 시각화하여 발표했다. 어떤 분은 하나의 영역에 서너 개의 아이디어를 제공하기도 하고, 어떤 분은 캐드를 활용한 3D로까지 표현하는 열정을 보였다.

이제 우리는 다른 교과교실제 선진학교 방문 등을 통해 더 보고 배우고 참조할 것이다. 그리고 우리의 아이디어들을 교과교실제 TF팀 자체 혹은 촉진자 및 실제 설계자와 치열한 논의와 협력을 통해 다시 표현하고, 검토하고, 다듬고, 확장하면서 성장시켜 갈 것이다.

이런 과정을 거쳐 미래교육에 대응하는 학교 공간조성에 따른 수요자의 요구를 효율적으로 반영하면서 우리에게 꼭 필요한 다양하고 유연한 공간을 조성해 나갈 것이다.

집단지성을 논하는 사람들은 아이디어를 공유하는 것이 아이디어를 실현하는 방법이라고 한다. 아이디어를 공유하면 아이디어는 점점 늘어나고 자라나서 아이디어를 더욱 강화한다. 다양한 관점과 안목을 가진 수많은 사람들의 생각과 아이디어의 공유가 그 무엇을 이루는 것이다.

이제 세계는 '고립된 나'보다는 '협업하는 우리'를 지향한다. 구경꾼에 머물며 소비하는 데 그치지 않고 적극적인 참여와 생산에 나서기를 원한다. 각자의 생각과 지식을 결합하고 창조적 아이디어를 뿜어내면서 우리가 나보다 똑똑함을 입증하는 집단지성의 시대에 살고 있다.

벌써부터 집단지성을 통해 새롭게 펼쳐지고 있는 우리 학교 교과교실에서의 행복한 미래교육이 기대된다.

- 《금강일보》 2022.05.08. 인터넷판

선생님은 누구 뽑았어요?

　지난 3월 '제20대 대통령 선거'에 이어 어제는 '제8회 전국동시지방선거'가 있었다. 이렇게 선거가 끝나면 학생들은 수업 첫 질문으로 으레 "선생님은 누구 뽑았어요?"라고 묻는다. 그런데 이 질문은 참 쉬우면서도 난감하다.

　솔직히 얘기를 하자니 그렇고, 얘기를 하지 않잖니 그것도 이상하다. 학생들이 웃자고 친근감의 표시로 한 인사말을 센스도 없이 혼자 정식 말로 받아들여 고민하는 것은 아닌가 하는 생각도 든다. 하지만 기본적으로 학생들이 질문을 하면 눈높이에 맞추어 성실히 답해주는 것이 교사의 임무라 생각하기에 고민은 깊어만 간다.

　교원의 정치중립권을 논하지 않더라도 어려서부터 그런 정치적 이야기는 알게 모르게 금기시되어왔다. 옛 어른들은 한결같이 "그런 정치적 이야기를 하면 쥐도 새도 모르게 잡혀간다"는 것이다.

　이것은 훗날 어렴풋이 안 것이지만 일제 강점기와 한국전쟁을 겪으면서 정치적인 소신 한마디로 운명을 가르고 참화를 당한 사람이 많았다. 이 같은 일들은 군사독재 시대에도 계속되었다.

　이런 아픈 역사로 인하여 언론이 자유화되고 보장되는 이 시대에도 정치적인 공개 발언은 세뇌가 되어 망설여지고 주눅이 드는 것이 사실이다.

　수시로 변화하는 학교의 교육환경 또한 자신감을 잃고 어리버리하게 한몫을 한다. 지금 우리의 교육환경은 인공지능이 결합되는 미래 지향적인 변화뿐만 아니라 사제간의 법적 관계도 변하고 있다.

지금 우리 학생은 고등학생이 되는 만 16세가 되면 정당 가입을 할 수 있고, 만 18세부터는 선거권과 피선거권이 동시에 부여된다. 투표만 하는 것이 아니라 선출직 공직에 출마할 수도 있는 것이다. 그래서 이번 선거에서도 7명의 10대 입후보자들이 출사표를 던졌고, 어느 정당에서 대변인을 공개 모집할 때는 고3 학생이 응모하여 정치적 소신을 밝히며 당당하게 토론하는 모습을 보이기도 하였다. 세계 민주시민으로 성장해 나가는 우리 학생들의 모습이 자랑스럽다.

그런데 현재 교사는 교원의 정치중립권으로 정치기본권의 일부를 보장받지 못하고 있다. 교사는 정당에 가입하기는커녕 지지하는 후보에게 후원금을 내지도 못한다. 선거운동은 고사하고 후보의 선거공약에 대해 의견을 표현할 수조차 없다. 교육의 주체로서 교육감 출마 등도 교수와 달리 퇴직 후에나 가능하다.

교사는 학생들을 민주시민으로 교육하고 성장시킬 책임이 있지만, 정치적으로는 이렇게 제한이 많아 거의 방치된 상태이다. 그래서 일부 단체에서는 OECD 가입국 중 교원의 정당 가입과 활동을 제한하는 국가는 우리나라가 유일하다며 "교원의 정치기본권 보장"을 주장하고 있다.

정치적 필요로 학생들의 자유와 권리는 갈수록 늘리면서도 교사들의 가르침은 자꾸 제약하여 문제가 발생한 것이다. 이제 당국에서는 교실 내에서 학생들과 교사들의 자유로운 민주시민적 소통이 일어날 수 있도록 법적 문제를 먼저 슬기롭게 해결해주었으면 한다.

- 《금강일보》 2022.06.03. 11면

추억의 졸업앨범

우리 학교에서는 얼마 전 3학년 학생들이 앨범 사진을 찍기 위해 교실과 교정에서 꽃단장하고 분주히 오갔다. 그리고 학년 부장 선생님을 비롯해 관련 선생님들은 지금 3학년 학생들은 코로나19로 인해 수학여행, 체육대회, 수련회 활동 등을 못 해서 무엇을 앨범에 실어야 할지 고민이라며 걱정들을 하였다. 학창 시절의 아름다운 추억들을 많이 담아 주고 싶은 따뜻한 마음들이 전해졌다.

그런데 최근 '선생님 사진 없는 졸업앨범'이라는 제하의 보도가 있었다. 일부 카페나 대화방에서 졸업앨범에 나온 선생님 사진을 공유하며 외모를 평가하고 모욕하는 사례가 있었고 심지어는 사이버 성범죄에까지 도용되는 일이 있었다. 그래서 일부 선생님들이 졸업앨범에 사진 싣기를 꺼리는 것이다.

앨범 뒷면에 졸업생과 선생님들의 전화번호와 집 주소를 모두 기재해 놓는 그런 시절도 아닌데 개인정보 유출은 그때보다 더 기승을 부리는 것 같다.

한때 여대생들이 졸업앨범 사진을 찍기 위해 몇백만 원씩 공을 들이던 때도 있었다. 그런데 요즈음은 대학생조차 앨범 사진을 찍고 사는 것이 불과 10%도 안 된다고 한다. 가까운 친구들끼리 스냅사진 찍어 보관하는 것이 유행이란다.

사실, 졸업앨범은 학창 시절의 추억이 고스란히 담겼음에도 불구하고 책장의 계륵과 같다. 서제 한구석에 양서처럼 꽂혀 있지만 평소에는 잘 보지 않는다. 그렇다고 버리기에는 너무 아깝다. 그 속에 옛 선생님과 친구들이 있고 그들과 나눈 그 시절의 이야기가 담겨 있어 먼지가 겹겹이 쌓이면서 오히려 소중해진다.

중학교를 졸업하고 한 20여 년이 지난 후 동창회에 참석한 적이 있다. 그런데 그때 한 친구가 졸업앨범을 가지고 와서 그 친구 덕분에 앨범을 보며 서로 지난 학창 시절을 이야기하느냐고 시간 가는 줄을 몰랐었다.

길가에서 우연히 만난 친구와의 학창 시절 우정이 그리울 때, 그리고 그때 그 시절 고마우신 은사님이 그리워질 때 졸업앨범이 속 시원하게 그 시절 추억을 소환해 모든 것을 깔끔히 해결해준다.

그러나 나는 지금 그 졸업앨범이 하나도 없다. 대한민국에서 태어나 우리나라 정규 교육과정을 성실히 모두 이수했지만 졸업앨범이 하나도 없다.

이사를 하는 과정에서 초·중·고와 대학교의 졸업앨범을 정리해서 하나의 박스에 잘 보관했었는데 때마침 버리려던 영인본 잡지 박스에 휩쓸려 어느 고물상으로 넘겨졌다.

앨범이 없어진 후 가슴 한쪽을 도려낸 것과 같이 아프고 허전한 마음을 달래며 백방으로 수소문했으나 찾지 못하고 결국 나는 과거가 없는 남자가 됐다.

졸업앨범에 대한 여러 문제는 교육적인 측면에서 지혜롭게 해결됐으면 한다. 그리고 변화하는 시대에 맞게 어떤 형태이든 사제지간이 함께

하는 졸업앨범이 있었으면 좋겠다.

　사제 간의 사랑과 행복이 넘치는 학창 시절 추억이 가득 담긴 졸업앨범이 계속 제작돼 우리 학생들의 삶이 먼 미래에도 더욱 풍요롭게 간직되길 바란다.

- 《금강일보》 2022.07.01. 19면

문학기행

　지난주에는 여름 방학식을 하고 교내 다독다독 교사독서동아리 선생님들과 함께 옥천 정지용 문학기행을 하였다. 실개천, 얼룩백이 황소, 질화로 등을 옛 모습 그대로 복원한 정지용 생가와 정지용 문학의 실체를 보고, 느끼고, 감상하고, 체험할 수 있도록 구성한 정지용 문학관을 관람하였다. 그리고 지용문학공원과 정지용의 시문학을 테마로 조성한 장계 관광지 멋진 신세계를 돌아보며 참석자 모두 모처럼 아련한 문학의 감성에 흠뻑 빠졌었다.

　정지용은 1902년 옥천 연일 정씨 집성촌에서 4대 독자로 태어나 14살까지 이곳 옥천에서 생활한 우리 충청이 낳은 위대한 시인이다. 대표적인 작품으로는 가요로 널리 불린 「향수」와 폐결핵으로 어린 아들을 잃은 슬픔을 '외로운 황홀한 심사'라고 표현한 「유리창」 등이 있다.

　정지용은 1950년 한국전쟁 때에 행방불명되어 그의 시작들은 1988년까지 금서로 지정되고 이름도 제대로 불리지 못했다. 그 후 해금이 되면서 본격적인 연구들이 이루어지고 한국 현대시의 선구자 혹은 한국 현대시의 아버지로 평가받고 있다.

　정지용이 발굴하고 추천한 시인들은 청록파 시인 조지훈, 박목월, 박두진을 비롯하여 윤동주, 이상, 오장환, 김종한, 이한직, 박남수 등 우리의 시문학사이며 문학 교과서 그 자체이다. 우리 동향인에 이같이 훌

룡한 시인이 있었다는 점에 다시금 긍지와 자부를 갖는다.

이번 문학기행을 같이 한 7명의 선생님들은 진로독서지도 프로그램 개발를 목적으로 결성된 전공이 모두 다른 교과부장들이다. 그래서 문학을 전공한 사람은 필자밖에 없었지만 문학을 이해하고 체험하고자 하는 열정은 그 어떤 문학기행보다도 진지하고 학구적이었다.

필자는 지금까지 본교에 33년 동안 근무하면서 무슨 연유인지 수학여행은 단 한 번밖에 못 갔다. 그렇지만 문학기행은 20여 년 동안 명맥을 잇고 있다. 문학과 관련된 좋은 선생님, 좋은 학생들을 많이 만난 덕분이다.

2000년대 초반 교내 교사문학회 '글ㄱᆞ람'이 결성되고 박경리 토지 문학기행, 영랑 생가와 다산초당을 답사한 땅끝마을 문학기행, 심훈의 필경사와 추사고택을 답사한 상록수 문학기행 등을 하며 동인지까지 발간하였다.

이때 문학기행의 길을 열어주고 글쓰기에 열정을 쏟으며 문학 교육 활동에 하나의 모델이 되어 준 시인이며 소설가이며 사진작가인 이 선배가 고맙고 그립다.

이후 교사문학회는 동인들이 전근이나 퇴직을 하며 해체되고 동아리 학생들과 이효석, 황순원, 신동엽, 김시습, 이문구, 서정주, 채만식, 윤동주 문학기행 등을 다녔다.

선후배 교사가 학교의 업무에서 잠시 벗어나 문학기행을 같이 하며 감성을 공감하는 힐링의 시간을 자주 가졌으면 좋겠다.

- 《금강일보》 2022.07.29. 19면

관점의 차이

　요즈음 문학의 감상과 비평을 수업하고 있다. 문학 작품을 읽고 작품의 의미와 구조 및 가치, 작가의 세계관을 일정한 기준에 따라 판단하는 시간이다. 학생들은 이론적인 면이 있어 접근하기 어려워한다.

　그래서 우리는 요리를 잘하지 못해도 그 요리가 맛있는지 맛없는지를 쉽게 구분할 수 있다는 점에 착안하여 학생들에게 백일장 심사위원의 자격을 부여했다. 글을 잘 쓰지는 못해도 글을 읽고 좋은 글을 찾아내는 안목은 누구나 있다는 전제이다. 심사위원으로서 자신감 있게 작품에 대한 소감을 이야기하고 점수를 부여할 때는 TV 오디션처럼 "내 점수는요~" 하면서 발표해 재미를 더한다.

　이때 심사위원이 된 학생이 작품에 대한 자신의 생각과 느낌을 이야기하면 인상비평, 작가 중심으로 이야기하면 작가론, 표현주의적 비평이다. 사회·역사·문화적 측면을 이야기하면 반영론적 비평이고 독자 중심으로 이야기하면 수용론적, 독자반응 비평이다. 작품에 내재한 문학적 원리와 구조 및 언어를 이야기하면 절대론적, 형식주의 비평이 된다.

　학생들의 심사평에서 상반된 이야기가 많이 나오고 점수 차이가 클수록 수업은 재미있다. 물론 수업에서는 그 점수의 중요성보다 왜 그렇게 점수를 주었는가 하는 점이 중요하고 그 차이를 존중해 준다. 서로 간의 관점의 차이를 확인하고 인정하는 것이다.

우리가 잘 아는 이방원의 '하여가'와 정몽주의 '단심가'에 대한 학생들의 평이 그 좋은 예이다.

학생들의 대부분은 죽어서도 변하지 않고 일편단심 충을 다지겠다는 의지를 확실하게 표출한 정몽주의 '단심가'에 보다 더 후한 점수를 준다. '단심가'는 조선의 개국 과정에서 반대파의 주장을 대변했으나 개국 후에는 조선이 내세운 유교적 질서에 부합하여 널리 불렸고 오늘날까지도 충을 노래한 대표적인 시조라는 것이다.

반면에 '하여가'에 후한 점수를 주는 학생도 있다. 칡덩굴의 얽힘의 논리로 화해와 조화를 희구하는 공생의 정신이 돋보이고 우회적으로 여유롭고 느긋하게 표현하여 문학의 본질에서 더 앞선다는 것이다.

만약 이것이 실제 백일장이었다면 대회의 취지나 심사위원의 관점에 따라 메달이 달라졌을 것이다. 충이나 지조, 절개를 요구하는 목적성이 있는 대회라면 두말할 것이 없이 '단심가'가 금메달일 가능성이 크지만, 일반적인 문예 글을 뽑는 대회라면 '하여가'가 금메달일 수 있다.

이렇게 어떤 일이나 사물에 대한 평은 보는 시각 즉 관점에 따라 사람마다 달라질 수 있는데 이를 인정하지 않고 자기주장만을 강조한다면 불신과 혐오만 쌓아질 것이다.

우리의 일상생활도 마찬가지이다. 여름 소나기가 지나간 후, 어떤 사람은 하늘의 무지개를 보고 또 어떤 사람은 땅의 진흙탕을 본다. 우리는 이상적인 무지개를 보든, 현실적인 진흙탕을 보든 서로가 보는 관점의 차이를 인정하고 서로를 배려하면서 지혜롭게 살아야 한다.

- 《금강일보》 2022.08.29. 19면

함께하는
꿈

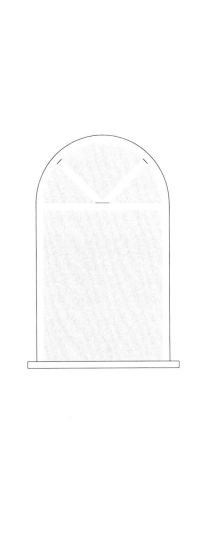

수학여행의
진정한 의미 찾기

　예나 지금이나 입시 지옥이라 불리는 고등학교에서 우리를 잠시나마 해방시켜 주었던 수학여행은 우리들 모두에게 소중한 추억이다. 학창시절 '추억 만들기의 대명사'였던 수학여행이 최근 경제적인 이유로 학생들 간의 위화감과 분열을 조장한다며 언론의 도마 위에 올라 국민들로부터 따가운 눈총을 받고 있다.

　언론 보도에 따르면 일부 고등학교에서 수학여행의 행선지를 국내·일본·중국으로 구분하여 '끼리끼리, 따로따로 여행'을 했다는 것이다. 여기에는 세계화 시대에 걸맞게 일찍부터 학생들에게 해외 문물을 접할 수 있는 기회를 주고, 여행지를 여러 곳으로 잡음으로써 학생들과 학부모의 의사를 존중했다는 일견 그럴 듯한 이유가 있다. 그리고 저명한 한 사회학자는 "앞으로의 사회는 부유한 자와 가난한 자로의 양극화가 더욱 심화되고 그 격차가 날로 더 확대될 것"이라고 주장한다. 그러나 이것보다는 경제적 양극화가 극심해지고 온 사회가 이런저런 이유로 갈라져 갈등이 첨예화되어 있는 판국에 이것으로부터 자유로워야 할 학교에서마저 경제적인 이유로 학생들 간의 위화감과 분열을 조정하고 있다는 비난의 목소리가 더 크다.

　수학여행은 공교육의 정규 과정이다. 그러므로 수학여행은 모든 학생들에게 평등해야 하고, 경제적 이유로 인해 기회를 놓치거나 선택을 강요당해서는 안 된다. 추억으로 남아야 할 수학여행이 부의 양극화로 인해 누구에게는 잊지 못할 여행이 되고 어떤 이에게는 잊고 싶은 기억으로 남아서는 안 된다. 어떠한 일이 있어도 우리 교육 현장에서 있고 없음으로 인해 학창 시절 수학여행이 슬픈 추억으로 남아서는 안 된다.

되돌아보면, 학창 시절의 추억하면 어느 것 하나 소중하지 않은 것이 없지만 그 중에서도 수학여행이 백미로 꼽힌다. 수학여행 일정이 발표되는 순간부터 학생들은 기분이 들뜨고 그에 대한 기대감으로 학교 전체가 술렁이기까지 했다. 출발 전날은 흥분되는 마음을 억누를 길 없어 수업을 듣는 둥 마는 둥 했을 정도로 마냥 즐거웠고 행복했다. 귀찮을 정도로 이동할 때마다 어김없이 이루어지던 인원 점검, 한 방에서 수십 명씩 불편하게 자고, 개구쟁이처럼 잠든 친구들 얼굴에 짓궂게 사인펜으로 그림을 그리고….

비록 2박 3일 혹은 3박 4일간의 짧은 일정이지만 몇 달을 동고동락한 것처럼 어렵게만 느껴지던 선생님과 캠프파이어를 하며 같이 노래하고 춤추며 스스럼없이 나눈 인생과 자연에 대한 알 듯 말 듯 한 대화, 부스스한 눈으로 답사했지만 그래도 아직까지 기억에 생생한 문화유적 등은 수학여행에서만 맛보는 소중한 추억이요, 체험이다. 수학여행은 이런 공동 체험으로 인하여 그 이름만 들어도 가슴이 설렌다. 새로운 환경에서 새로운 세계를 접할 수 있다는 기대와 흥분이 아직까지도 가슴 한 구석에 살아 있다.

그런데 요즘음 상당수의 학생들은 "수학여행을 왜 가야 하는지, 수학여행이 우리에게 무엇이 도움이 되는 지 이해가 안 간다. 수학여행을 다녀와도 별로 기억나는 것도 기억하고 싶은 것도 없다"라는 반응이다.

그럼, 이들에게 행복한 추억이 담긴 감동적인 수학여행은 어떤 것인가? 새로운 수학여행의 모델로 본교의 통일교육 사제동행 프로그램을 적용시키면 어떨까 하는 생각에 그 프로그램의 원칙 일부를 적어본다.

기획자는 '무엇을 볼 것인가'와 '무엇을 보았는가'에 초점을 맞추어 관계자와 면밀하게 상의하여 충분한 시간을 가지고 계획하고 사전에 현지를 상세히 답사 연구한다. 그리고 학생들과 인솔하는 동료 교사들을 대상으로 현장학습 사전교육을 실시한다. 동료교사들은 교육 요원이면서 학습자이기도 해 통합교과적인 협력학습 체제를 이룬다. 이때에 지역의 문화예술교육 전문가인 사진작가나 문화해설사, 소설가, 시인 등의 도움을 얻어 비평적 안목을 기르는 것이 좋다. 획일적인 교육에서 벗어나 가급적 주제별·학급별로 조를 나누어 과제 혹은 주제를 가지고 교육활동을 주도적으로 전개하며 다양성을 추구하도록 한다. 그리고 행사가 끝난 다음에는 현장 답사 사진 촬영 및 각 분야별로 평가와 반성을 하며 얻어진 결과물을 공개 전시하여 생각을 공유하고 각 부문의 좋은 작품은 시상까지 이어질 수 있도록 한다.

자료집과 함께 결과물을 같이 도출하며 다음 해의 참고자료로 삼는다. 그리고 학생의 교통사고·식중독·전염병·비행·도난 등에 대한 사전 예방지도를 세밀하고 철저하게 하여 즐거운 여행이 될 수 있도록 하며, 가정형편이 넉넉하지 않은 학생들과 장애 친구들이 어떠한 차별이나 제약을 느끼지 않도록 세심한 교육적 배려를 한다.

이제, '끼리끼리, 따로따로 여행'의 문제뿐만 아니라 과거처럼 한 학년 전체가 십여 대의 버스를 타고 우르르 관광지로 몰려다니는 수학여행은 지양되어야 한다. 그리고 요즈음 신세대 학생들에게 맞는 감동적이고 교육적인 수학여행을 위하여 일선의 교육 현장이 앞장서서 수학여행의 진정한 의미 찾기를 진지하게 모색해야 할 것이다.

- 《교육마당21》 2006년 11월호

단재 해외유적 답사기

- 아름답고 위대한 6박 7일

지난여름은 참으로 아름답고 위대했다. 책으로만 만나고 흠모했던 단재 신채호의 해외유적들을 만나고 그가 걸었던 길을 찾아 답사하는 길에 운 좋게 동참했기 때문이다. 단재 신채호기념사업회에서 8월 16일부터 22일까지 6박 7일간 주최한 '2019 청소년과 함께하는 단재 해외유적답사'에 중국 대련 뤼순 감옥에서부터 단동, 집안, 통화, 백두산, 연길, 북경을 쉼 없이 달리고 또 달리며 단재 신채호의 민족혼을 접하는 자랑스러운 날들이었다.

첫째 날, 8월 16일

단재 해외유적 답사를 위해 행여 늦을까 하는 조바심에 전날 광복절의 밤을 하얗게 지새우고 대전정부청사 앞에서 새벽 3시 30분 공항버스를 타고 답사길에 올랐다.

9시 5분 인천공항을 출발, 중국 대련공항에 도착하여 첫 답사지인 뤼순 감옥을 향했다. 단재 신채호가 먼나 먼 타국 땅에서 나라 없는 설움을 달래며 차디찬 감옥에서 고초를 겪다가 옥사한 곳이다. 우리들은 이곳에서 서대문형무소 역사관을 떠올리며 일제의 탄압으로 옥고를 겪었던 이름 모를 수 많은 영웅들을 생각하며 참배했고, 신채호 기념관과 안중근 기념관에 들려 그들의 용기 있는 투쟁에 대해 사랑하고 존경하는 사존의 마음으로 고개 숙여 추도했다. 마찬가지로 관동고등법원 답사에서도 일제의 잔혹한 탄압과 고문의 현장을 보고 모두가 일제에 분개하고 치를 떨었다. 그리고 다시는 이 나라를 빼앗겨 먼 이국 땅 차가운 감방에서 죽어가는 우리나라 사람들이 없어야 한다고, 우리의 주권과 우리의 영토를 우리가 지키고 보존하겠노라고 다짐했다.

뤼순 감옥과 관동고등법원 답사를 마치고 단동으로 가는 버스 안에서 자리를 같이 한 유인태 단재 신채호기념사업회 회장은 자신이 겪었던 민청년 사건을 실감 나게 들려주었다. 인권을 말살하는 고문의 현장은 일제강점기에만 있었던 것이 아니라 문민정부 이전 우리나라 근현대에도 존재하였다고 강조하며 당신께서 당했던 에피소드를 떨어 놓았다. 어쩌면 일제강점기에 일제의 탄압과 고문도 힘들지만 지금 우리들이 겪고 있는 여러 불평등과 폭력도 힘들기는 마찬가지라는 생각에 진정한 자유와 평화와 안식은 무엇인지, 그리고 나와 나라는 무엇인지 새삼 생각해 보는 계기가 되었다.

둘째 날, 8월 17일

단동에서 아침을 맞이했다. 압록강과 단교를 조망하며 우리만 넘지 못하는 남북분단의 아픔을 맛보았다. 우리가 그리워하던 북녘 땅이 손 짓으로도 부를 수 있고, 크게 소리를 질러도 알아들을 것 같은 지척인데도 가지 못하고 올 수가 없는 아픔의 땅이 되었다. 그리고 우리 땅을 놓아두고 그것도 다른 나라 땅에서 애타게 바라만 보아야 하는 안타까움이 끝이 없다.

통일의 그 날을 꿈꾸며, 백두산, 칠보산, 묘향산 관광을 마음대로 하는 통일의 그 날을 꿈꾸며 다시 버스로 5시간 반을 달려 집안에 이르렀다, 여기서는 장수왕릉, 광개토태왕릉 및 광개토태왕비 등을 답사하며 이곳을 먼저 답사했던 단재 신채호와 만주벌판을 호령하던 그 찬란했던 고구려의 역사와 문화를 접할 수 있었다.

장군총이라고도 하는 장수왕릉은 잘 다듬어진 화강석으로 된 적석무덤으로 7층 높이의 피라미드형으로 크기와 높이에서 위용을 자랑하며 형체가 비교적 잘 보존되어 있다. 이 땅에서 번영을 누렸던 고구려의 옛 영화를 보는 듯하다.

그리고 여기서 조금만 더 걸으면 태왕릉이라 하는 광개토태왕릉이다. 이 곳은 기단식 적석총으로 되어 있는데, 지금은 거의 무너져서 기단과 반파된 제2방단의 일부만이 간단히 원형을 유지해 일반 돌무지와 흡사하다. 이곳이 만주벌판을 호령하던 광개토왕 무덤이라 생각하니 보는 사람으로 하여금 인생무상까지 느끼게 한다.

근처에 광개토왕비가 비상했던 고구려의 역사와 위상을 보여주고 있다. 아들 장수왕이 아버지 광개토왕의 업적을 찬양하고 강대국 고구려의 위상을 과시하기 위해 세웠단다. 그러나 일제는 이것까지도 식민지 정책의 도구로 활용하기 위해 비문을 훼손하고 조작했다는 논란을 남겼고, 지금은 중국이 동북공정의 일환으로 비의 관리라는 명목하에 봉금하고 있어 가슴 아프다.

단재 신채호는 집안현의 유적을 한 번 보는 것이 김부식의 고려사를 만 번 읽는 것보다 더 낫다고 했다. 그런데 중국은 2002년부터 동북변 강지역(만주)의 역사를 연구하면서 고구려, 발해, 고조선, 부여 등의 역사를 그들의 역사에 편입시키고 왜곡하면서 고구려 유적이 많이 남아 있는 이 지역을 감시 통제하고 있다. 아쉽게도 관람 시간이 정해져 있는 관계로 우리 일행은 집안고구려박물관 관람은 다음을 기약해야 했다. 또 환도산성 터와 고구려고묘박물관은 비를 맞으며 멀찌감치에서 바라보며 고구려 우리 조상님들을 추모하는 것으로 만족했다.

　　왜 광복 74주년이 되고 G7에 들어가 선진국으로 도약하고 오늘날에도 우리는 자랑스러운 우리 역사의 현장에서 우리의 문화와 역사를 우리 마음대로 볼 수도 없단 말인가. 슬픈 현실이 더욱 가슴을 여미게 한다. 우리는 이곳에서 가슴 아프고 그저 먹먹한 심정을 토로하며 슬퍼할 따름이다. 이러한 우리의 모습을 단재 신채호가 본다면 무어라 했을까. 이 일을 어찌한단 말인가?

　　아쉬움과 안타까움을 뒤로 한 채 긴 하루를 보내고 통화에 도착해 저녁을 먹은 뒤 숙소인 풍순 호텔에서 여장을 풀었다.

셋째 날, 8월 18일

　　5시에 기상하고 또 5시간 반을 달려 우리 민족정기가 서려 있는 깨끗하고 수려하며 웅장한 백두산에 올랐다. 백두산은 산맥이 길고 정상이 8개월 정도나 항시 은백색을 이루고 있어 예전에는 '흰머리산'이라

하였다고 한다. 지금의 백두산, 장백산은 이를 한자로 표기한 것이다. 백두산에서는 장백폭포, 온천지대, 녹원담, 소천지 등도 아름답기 그지 없었지만 뭐니 뭐니 해도 여기서의 장관은 삼대가 덕을 쌓아야 볼 수 있다는 천지의 감상이다.

이날 백두산의 천지는 평소의 기품과 고고함을 자랑이라도 하듯 얼굴을 쉽게 내보이지 않고 보는 이의 마음을 애타게 했다. 차로 산 중턱에 오를 때까지만 해도 맑고 쾌청하여 모두의 기대감을 부풀게 했지만 명불허전이라 했던가. 천지가 괜히 천지가 아니었다. 정상에 오르자 안개비가 내리고 구름이 자옥하고 한 치 앞도 보이질 않았다. 기온은 뚝뚝 떨어져 8월 성하의 계절에 손이 시렵고 볼기가 차가워 금방이라도 천지 보기를 포기하고 따뜻한 라면이라도 먹고 싶은 욕망이 용솟음쳤다. 추위 속에서 천지 보기를 포기할까 말까 망설이며 그래도 여기까지 왔는데 하는 막연한 희망으로 떨며 기다리길 40여 분. 지정이면 감천이라고 어느 순간 어디선가 거짓말처럼 바람이 불며 안개가 걷히고 햇살이 돋고 천지가 드디어 모습을 드러냈다. 그저 감동이었다. 자연의 위대함을 보는 순간이었고 자연에 대한 경외감 그 자체였다. 그러기에 그 자리를 같이했던 사람들은 누가 먼저라고 할 것 없이 모두 박수치고 환호하고, 여기저기에서 특종이나 잡은 듯 포토라인 밖에서 사진찍기에 여념이 없었다.

우리는 오늘 백두산 북파 코스의 일면을 보고도 이렇게 감격스러웠는데 백두산의 모든 면을 다 보면 어떨까. 하루속히 통일이 되어 좀 더 편안한 마음으로 좀 더 가까운 지름길로 백두산의 동파도 답사하길 기원했다. 단재 신채호도 백두산 천지를 감상하고 우리와 같이 환호하며 독립의 그 날을 기원하면서 『조선상고사』를 집필하지 않았을까.

이날은 백두산을 내려오면서도 숙소에 가서도, 다음날 아침 다른 일행들과 밥을 먹으면서도 온통 백두산 천지 이야기로 꽃을 피웠다.

넷째 날, 8월 19일

오늘은 단재 해외유적답사를 하며 많은 다른 독립운동가를 만나고 유서 깊은 유적지 많이 들르는 날이다.

이상설, 이동녕, 박정서 등의 애국지사들이 독립운동 사상을 고취하고 신학문을 가르치기 위해 만주 용정에 최초로 설립한 서전서숙터도 보고 옛 대성학교도 먼 발치서 보았다. 보수공사가 한창이어서 들어가 가까이에서는 볼 수 없었으나 그래도 멀리서나마 볼 수 있어서 다행이었다.

중식으로는 대성학교 근처에 있는 용정에서 제일 유명하다는 '순이랭면'에서 냉면과 꿔바로우를 먹었다. 용정의 음식답게 새콤달콤하다.

식사 후 우리는 시인 윤동주와 송몽규를 비롯한 수많은 독립운동가를 배출한 김약연이 초대교장을 역임한 명동학교를 가면서 영화〈좋은 놈, 나쁜 놈, 이상한 놈〉의 배경이 되었던 15만원 탈취사건유적지도 찾아 그때의 독립운동가들을 생각하며 추모했다.

국어 교사로서 단재 신채호 덕분에 먼 이국땅에서 윤동주를 만날 수 있게 되어 나름 의미 있었다.

우리나라 사람들이 가장 좋아하고 애송되는 시가 가장 많은 시인.

일제강점기를 살아가는 지식인의 고뇌와 자아 성찰을 「하늘과 바람과 별과 시」로 서정적으로 노래한 윤동주. 그의 고향인 이곳 명동에 오니 그의 시가 탄생한 이유를 알만도 했다. 윤동주의 시는 민족 독립의 의지를 높이고 항일 구국의 인재양성을 목적으로 했던 명동학교 학생이라는 점과 이곳 명동의 하늘과 언덕과 구름 등의 자연풍경이 그의 시와 자연스럽게 연결되었기 때문이다.

다만 윤동주의 생가를 비롯한 이곳 명동촌이 중국의 문화정책으로 중국화되어 가는 것이 아닌가 하는 의심의 눈초리를 버릴 수 없었다. 예전에 사진으로만 보던 윤동주 생가와는 달리 잘 정돈되고 정비되어 있었고, 윤동주의 시를 100여 개의 크고 작은 돌에다가 새겨 한글과 한자로 된 독립 작품의 시비를 야외 전시해 놓았는데 윤동주를 잘 모르는 중국인이 보면 마치 윤동주가 한자로 시를 썼고 한국인 관광객을 위해 한글로 번역해 놓은 것과 같은 착각을 일으킬 수도 있을 정도이다. 이곳에서도 동북공정과 같은 역사와 문화의 왜곡을 경계해야 한다는 것이다.

윤해영의 노랫말에 조두남이 곡을 붙인 〈선구자〉에 나오는 '일송정 푸른 솔'과 해란강이 이곳 명동촌 근처에 위치한다. 이곳은 일제강점기 독립운동가들이 많이 활동했던 곳이고 산 정상의 일송정은 독야청청한 모습으로 독립의식을 상징적으로 고취시켰다는 이유로, 1938년 일제가 고사시켰다 한다. 이후 1991년 우리나라 각계 인사들이 다시 소나무를 심고 정자를 신축 준공하였고 지금은 이곳 정부에서 보호물로 지정 중이다.

그리고 이곳 연길에서 잊지 못할 일은 우리 조선족의 우리 문화 사랑 정신과 강인한 민족성이다. 우리가 이미 알고 있은 바와 같이 중국은 92%의 한족(漢族)과 나머지 8%의 인구를 55개의 소수민족이 구성하고 있다. 우리 조선족은 이 소수민족 중의 하나이지만 연길을 자치주로 운영하며 우리의 민족정신을 잊지 않고 계승 발전시키고 있다. 우선육안으로 보이는 것만 해도 건물 벽에 새겨진 우리의 전통민속화, 우리 한글로 새겨진 네온사인과 간판들이 우리들에게 동질감을 불러일으키고, 음식점의 음식과 그들의 옷 등에서도 우리 조선족의 냄새가 물씬 풍긴다. 한때 청나라를 건국했던 만주족이 한족에 동화되어 지금은 말도 글도 민족도 사라진 것에 비하면 중국에 거주하는 우리 조선족의 삶은 위대하고도 자랑스럽다. 단재 신채호의 꼿꼿한 민족정신과도 명맥을 같이 한다.

연길에서의 하루는 한성세기 호텔에서 멋진 야경을 보며 마무리했다.

다섯째 날, 8월 20일

오늘은 한반도의 최북단 두만강 줄기를 답사했다.

도문에서 두만강 저편 북녘을 바라보았다. 압록강을 타고 나흘을 달려서 두만강 변에 위치한 일광산에 올랐다. 둘째 날 압록강변 단교에서 바라보는 북녘과는 또 다른 느낌이다. 그저 말없이 굽이쳐 흐르는 두만강 줄기에서 바라본 북녘 땅은 그저 초록빛 짙은 산천이요, 아무런 인기척이 없는 조용한 침묵의 땅이었다. 우리들 또한 그저 응시할 뿐, 서로 말이 없었다.

우리의 가요에서도 불리듯 두만강은 우리 민족의 눈물이 젖은 한 많은 강이다. 중국, 러시아의 열강들의 국경과 맞닿아 있어 사연도 많다. 특히 일제의 학정에 정든 고향을 버리고 이국땅 간도로 봇짐을 싸서 눈물 흘리며 이주했던 역사의 현장이다. 이곳에 있는 도문대교는 두만강을 사이에 두고 북한쪽의 남양과 중국이 노란색과 붉은색으로 국경을 표시하고 있고, 이곳을 통해 중국인들은 북한 관광을 하고 있단다.

도문에서의 아쉬움을 뒤로한 채 중국 고속철도 CRH를 타고 망망대해와 같은 요동의 들판과 천하제일문이라는 산해관을 지나 중국의 심장부 북경으로 향했다.

일찍이 연암 박지원은 『열하일기』에서 중국의 사신으로 가는 길에 탁트인 요동 들판을 보고 그 감동을 호곡장(好哭場), 통곡할 만한 좋은 자리라 하였다.

지금 요동 들판에 임해서 여기부터 산해관까지 일천이백 리가 도무지 사방에 한 점의 산이라고는 없이, 하늘 끝과 땅 끝이 마치 아교로 붙인 듯, 실로 꿰맨 듯하고 고금의 비와 구름만이 창창하니, 여기가 바로 한바탕 울어 볼 장소가 아니겠는가?

단재 신채호의 해외유적답사를 하고 있는 내가 만약 이곳에서 연암과 같이 통곡을 한다면 나는 오욕칠정 중에서 무엇으로 울어야 할까?

기차에서 도시락으로 저녁을 먹으며 9시간 반을 달려 밤 12시가 넘어서야 중국의 심장부 북경의 숙소에 입성했다. 기차에서의 고생을 이겨낸 보람인지 오늘의 숙소는 방마다 천연 온천수가 나오는 5성급 춘

화원 온천호텔로 호사스럽다. 그러나 단재 신채호가 이곳을 지나며 설워했다는 고려영이 있었던 곳이라 하니 숙소의 호사스러움이 송구스럽기까지 하다.

> 고려영(高麗營) 지나가니 / 눈물이 가리워라
> 나는 서생(書生)이라 / 개소문(蓋蘇文)을 그리랴만
> 가을 풀 욱어진 곳에 / 옛 자취를 설워하노라
>
> > - 신채호, 〈조광〉 1936년 4월

여섯째 날, 8월 21일

여기 북경에서는 칭파오를 입었던 조선의 선비 단재 신채호의 흔적을 찾아보는 것이 우리들의 일이다.

열강들의 침탈들을 앞에서 막아야 했던 그래서 내륙의 항구라 일컫는 동교민항을 관람하고, 문화혁명의 아픈 기억을 간직한 천안문 광장을 지났다. 천안문 광장은 워낙 사람이 많아 발 디딜 곳조차 없이 사람으로 가득 찼지만 그 중에서도 질서정연하게 끝없이 늘어선 행렬이 우리의 눈을 사로잡았다. 모택동의 미라에 참배하기 위한 줄이란다. 베트남의 호치민이나 북한의 김일성을 연상케 한다. 사람으로 가득 찬 천안문 광장을 지나 자금성에 도착했다.

사방 4㎞ 길이의 담으로 둘러싸인 자금성은 중국 최대 규모의 건축물로 명나라 때에 건축하여 개축과 보수를 거듭하며 오늘에 이르렀고,

요즈음은 찾아오는 사람이 너무 많아 일일 8만 명으로 관람객을 제한한다. 자금성은 볼 때마다 사람에 취하고 크기에 놀란다. 그러면서도 은근히 우리의 창덕궁, 경복궁과 비교하며 깨끗하면서도 고운 단청과 날아갈 듯한 지붕의 곡선미를 지니고 품격이 넘치는 우리 궁궐의 아름다움을 새삼 생각한다.

자금성을 관람한 후 자금성 서쪽 북해공원 골목에 위치한 허름한 진스팡지를 찾았다. 이곳에서 단재 신채호는 이회영 선생의 부인 이은숙 여사의 중매로 간호사 일을 하던 박지혜 여사를 만나 백년가약을 맺고 2년 남짓 생활했다고 한다. 돌이켜보면 이때 이곳에서의 단재의 생활은 가난했지만 사랑하는 가족과 함께 한 가장 행복한 시기였다. 좀 더 넉넉하고 풍요롭게 더 오래 행복했으면 좋았을 텐데 하는 아쉬움이 많은 곳이다. 우리가 방문을 했을 때는 중국 건국 70주년 기념행사를 앞두고 골목길 정비사업이 한창이었다. 멀지 않아 이곳도 도시 정비사업에 들 것이고 그러면 단재 신채호의 또 하나의 흔적이 사라질 것은 불을 보듯 뻔하다.

이후 소두호동에 있는 우당 이회영 선생의 옛집, 원나라 친왕이 살았던 사합원을 개조해 많은 사람들이 살 수 있게 만든 쪽방촌을 찾았다. 원나라의 도시구조에 기원을 둔 후동, 물고기 뼈 모양의 골목과 사합원이 잘 보존된 "난뤄구샹(南锣鼓巷)"… 이 후동으로 연결된 작은 골목 소두호동에 우당 이회영 선생의 옛집이 있다. 단재 신채호와 교우하며 항일 투쟁과 무정부주의 운동을 전개했고 비밀 결사 신민회를 조직하고, 임시정부에 참여했던 우당 이회영 선생이 거처했던 곳까지 답사하며 그들을 흠모하는 마음으로 그들의 발자취를 더듬었다.

그리고 옛부터 북과 종으로 온 세상에 시간을 알리던 북경의 고루와 종루를 답사했다. 이곳에서 단재 신채호는 〈하늘북〉을 통해 독립에 대한 결기와 조상을 빛내고 우리의 강토를 되찾겠다는 의지를 드러내지 않았을까 한다.

나는 아네 하늘북 치는 사람을 / 그는 슬퍼하기도 성내기도 하네

슬픈 소리 서럽고 노한 소리 장엄하여 / 이천만 동포를 불러일으키나니

의연히 나라 위해 죽음을 결심케 하고 / 조상을 빛내고 강토를 되찾게 하나니

섬 오랑캐의 피를 싸그리 긁어 모아 / 우리 하늘북에 그 피를 칠하리라

- 신채호, 「하늘북」 전문 번역

북경의 고루와 종루를 답사하고 왕부정에서 석식을 한 후 숙소로 돌아와 내일의 마지막 일정을 준비했다.

일곱째 날, 8월 22일

6박 7일의 대장정을 마무리하는 답사 마지막 날이다.

답사의 마지막은 팔달령 만리장성을 오르고 북경대학을 방문하는 일이다. 만리장성은 전 세계적으로 유래를 찾아 볼 수 없을 정도로 그

크기와 길이가 최고이다. 만리보다 긴 장성으로 중세 세계 7대 불가사의 중의 하나로 평가되며 우주공간에서도 사람의 눈으로 관측이 가능하다고 한다. 그런데 이 성을 축성한 진시황은 외부의 북방 오랑캐를 막기 위해 이 엄청난 성을 쌓고 천년만년 부귀영화를 누리고자 했으나 진나라가 망한 것은 외부의 적 때문이 아니라 그의 아들 호해의 무능 때문이었으니 참으로 역사의 아이러니가 아닐 수 없다.

이곳에서도 끝없는 줄서기 행렬 속에서 사람 냄새 물씬 느끼고 간신히 팔달령만 보고 오는 것으로 만족하며 하산하였다.

그리고 다음 답사지인 북경대학은 비행기 시간의 촉박함으로 다음으로 미루고 늦은 중식 후 북경공항에 도착 귀국길에 오르며 단재 해외 유적답사 대단원의 막을 내렸다.

'2019 청소년과 함께하는 단재 해외유적답사'에 참가하여 압록강에서 백두산, 두만강, 북경에 이르기까지 답사를 통해 단재 신채호 선생의 역사와 민족을 사랑한 치열한 삶을 조금이나마 접할 수 있어 정말로 행복한 시간이었다. 많은 것을 배우고 느낀 6박 7일이었다.

단재 신채호의 말처럼 독립이 주어지는 것이 아니라 쟁취하는 것이 듯 우리의 역사도 우리가 만들어 가는 것이다. 기억하지 않는 역사는 되풀이된다고 한다. 단재 신채호의 발자취를 찾아 답사하는 것도 그의 역사와 문화에 대한 남다른 애정과 정신을 이어받고 일제강점기와 같은 역사가 다시는 되풀이 되지 않게 하고 우리의 역사적 전통과 문화가 꽃피우길 바라기 때문이다. 이런 생각에 지난 6박 7일은 비록 몸은 힘들었지만 단재의 정신을 이해하고 배웠다는 점에서 기쁨이 넘쳐흐르는 행복하고 유익한 답사였다.

그리고 단재를 사랑하고 단재 정신을 실천하고 계시는 청주의 각계각층의 지성인들을 만나 뵙게 되어 한없는 영광이었다. 부족한 저에게 편안하게 답사할 수 있도록 많은 배려와 가르침을 주셔서 모든 분들께 머리 숙여 감사드린다.

또한 이번 답사를 통해 단재 신채호선생기념사업회에 관계되는 모든 분께 진심으로 고마움을 전한다. 좋은 프로그램 만들어 주시고 사제동행으로 같이 참여할 수 있게 베풀어 주신 점 진심으로 감사드린다. 단재 신채호선생기념사업회의 무궁한 발전과 관계자분들의 건강과 행복을 빈다. 또 나를 여기까지 오게 해준 단재 신채호와 역사를 사랑하는 우리 동아리 학생들에게도 고마움을 전하며 열심히 공부해서 우리의 민족정기를 바로 세우는 훌륭한 큰 사람이 되어 주길 바란다.

공부하면서 또 학생들을 가르치면서 평소 흠모하고 존경했던 단재 신채호를 만난 2019년 여름은 영원히 잊지 못할 것이다. 나라 잃은 상태에서도 한결같은 정신으로 독립과 민족 주체성을 지키고자 동분서주했던 참으로 아름답고 위대했던 대쪽 같은 선비 단재 신채호를 만난 행복한 시간으로 기록될 것이다. 평생 그를 잊지 않고 교단에서 그의 삶과 정신을 올곧게 가르치도록 노력할 것을 다짐한다.

- 단재신채호선생기념사업회 《텬고》 복간 준비 제1호, 2019.12.25.

3·8 민주의거 계승·발전으로 민주시민 사회 꽃피우길

나는 국어교사로서 우리의 향토역사 문화에 관심이 있어 오래전부터 교지나 학교신문에서 이를 다루어 왔다. 그러다가 6년 전부터는 뿌리 깊은나무 동아리를 지도하면서 동춘당, 소대헌 호연재 고택, 남간정사와 우암사적지, 계족산성, 회덕향교, 숭현서원, 단재 신채호 생가지, 문충사, 옛 대전형무소 등을 학생들과 답사하고 같이 공부하여 역사신문을 제작하면서 우리 대전의 역사와 문화를 공부하고 있다.

3·8 민주 학생의거와 대전 둔지미공원도 우리 대전의 역사와 문화를 공부하는 차원에서 이미 오래전부터 관심이 있었다.

그러나 3·8 학생 백일장에 학생들을 독려해 참여를 하고 싶어도 학교에 문예 담당 선생님이 있는데 내가 먼저 불쑥 백일장에 나가겠다고 하기가 어려웠다. 그 망설임이 몇 년을 지났다. 그리고 그 문예 담당 선생님이 다른 학교로 전근 가신 약간의 공백기를 틈타 우리 동아리 학생들을 중심으로 2019년부터 3·8 민주의거의 과정과 역사적 의의를 지도하고 백일장에 참가하기 시작하였다.

이제는 우리 동아리를 넘어서 내가 국어 수업을 들어가는 학년 전체 학생을 대상으로 3·8 민주의거를 계기 수업하고 백일장을 널리 홍보하여 공모에 임하고 있다.

3·8 민주의거는 1960년 3월 8일 독재정치와 부정부패, 관건 선거 획책에 항거해 우리 대전의 고등학교 학생들이 주도하여 일으킨 민주화 운동으로, 2·28 민주운동에 이어 3·15 의거와 4·19 혁명의 기폭제가 된 역사적인 날이다.

이러한 역사적 인식을 바탕으로 본교에서는 작년부터 3·8 민주의거 관련 특강도 마련하여 3·8 민주의거의 역사적 의미와 함께 우리 학생들에게 자유, 민주, 평등, 평화 등의 민주시민 의식을 고취 시키고 있다.

2019년부터 본 대회에 참가한 우리 학생들의 작품에 관심을 가지고 격려해주면서 좋은 상을 주신 3·8 학생 백일장 관계자분들께 진심으로 감사함을 전한다. 이러한 상이 공부하는 우리 학생들에게 격려와 자부가 되고 또 응원이 되어 우리 3·8 민주의거를 새롭게 인식하여 우리 일상에서 민주주의를 실천하는 바른 민주시민으로 성장하는 자양분이 될 것으로 확신한다.

특히 금년에는 본교 인아영 학생이 대상을 수상하여 본인까지 대전시장 지도교사 표창을 받게 되어 기쁨이 세 배이다. 가르치는 것 자체가 기쁜 일이요, 내가 가르친 학생이 상을 받고 잘 되는 것은 더 크게 기쁜 일이다. 그런데 그 가르친 사람까지 상을 준다니 그 기쁨은 이루 말할 수가 없다.

3·8 민주의거 홍보와 민주주의 실천은 대전에 거주하는 민주시민으로서 아니 대한민국 국민으로서 마땅히 할 일인데, 이 일을 했다고 큰 상을 주시니 이는 앞으로 더 열심히 이 일을 하라는 격려이며 채찍질이라 생각하고 오늘의 이 기쁨을 교육 현장에서 민주시민 육성에 앞장서는 것으로 보답할 것을 다짐한다.

3·8 학생 백일장의 지속적인 발전과 성장을 소망하며, 3·8 민주의거의 역사적 의미와 숭고한 정신이 길이 계승·발전되어 민주시민 사회로 꽃피워지길 진심으로 기원한다.

－《3·8 민주의거》 2021.12. 겨울호

동백꽃 패설

3년 전 여름, 국어 선생님 몇 분과 함께 독서동아리와 문예동아리 학생 30여 명을 인솔하고 고창의 선운사와 미당 문학관을 답사한 적이 있다. 그때 자연스럽게 동백꽃을 이야기하고 미당을 이야기하고 시를 이야기했다.

선운사의 동백꽃은 이 시에서와는 달리 대웅전 뒤에 마치 병풍처럼 펼쳐져 있었다. 그리고 여름인지라 동백꽃은 벌써 다 지고 동백나무 잎이 짙푸름으로 자신의 이름값을 하고 있었고, 꽃 피는 봄에 꼭 다시 올 것을 약속했다.

그 후 이 임영조의 「동백꽃 패설」을 접하고 보니 동백꽃에 대한 인식이 새롭다. 시인은 만개한 동백꽃과 교감하면서 그것을 섬세하고도 예리하게 관찰하고 거기에 화자의 내면과 인간사까지를 차분하게 표현하고 있다.

법당 앞 돌계단 사이에 두고
어린 동백 두 그루 마주 서 있다
새파란 잎들이 공양 받은 햇살을
키질하듯 살랑살랑 까분다, 금세
분분한 소문 같은 금빛 가루 부시다

그 무슨 법문을 주고받길래

온통 벌게진 낯으로 키들거릴까

- 임영조, 「동백꽃 패설」에서

법당 앞에서 서로 '까불'고 '끼들'거리며 풍경이 경을 쳐도 온통 얼굴이 '벌게'져 입 다물 줄 모르는 발랄하고 황홀한 생명력을 지닌 두 그루의 동백. 이 동백이 천진난만하게 깔깔거리며 그것이 패설인줄도 모르고 불경스런 패설을 이야기 하는 사미승으로 의인화된다. 그리고 '부처님도 손'들어버릴 만큼 '낯 뜨겁고 황홀' 한 동백꽃의 패설을 듣는 화자는 '절 버리고 혹 내게 오면 어쩌나' 걱정하며, 부처님의 가르침이 주는 절제의 미덕을 가볍게 눙치고 있다.

요즈음, 우리나라 학생들 10명 중 9명이 욕설을 입에 달고 산다는 통계가 있다. 어쩌면 그들은 이 시의 사미승처럼 그것이 잘못인 줄도 모르면서 패설을 일상 언어이자 문화로 그냥 습관처럼 쓰고, 우리는 그것을 기우의 눈으로만 바라보는지도 모른다. 하지만, 우리 아이들의 패설이 시들어가는 젊음이 내는 신음소리는 아닐까? 아니, 우리 아이들을 옥죄는 가혹한 교육 현실에 대한 저항의 안간힘이 아닐까? 그렇다면 우리 어른들이 먼저 그들의 '뜨겁고도 황홀한' 생명력을 되찾을 수 있는 여건을 마련해야 하지 않을까? 그래서 그들이 온통 기쁨으로 '키들거릴' 수 있도록 해야 하지 않을까? 아! 그렇게 된다면, 우리 모두 이심전심의 부처님 마음으로 소통하며 염화미소를 나눌 수 있지 않겠는가!

- 창비, 『선생님 시 읽어 주세요: 국어 선생님의 시 배달 2』, 2011.06.

이야기의 종결자가 미래를 지배한다

- IMUN-PEN 동아리 지도사례를 중심으로

창의적 체험활동으로 동아리 활동이 시작한 지 벌써 3년이 되었다. 금년도 대학 수시 입학원서를 쓰면서 느꼈던 것은 창의적 체험활동을 하면서 학생들에게 예전보다 이야기 거리가 더 많이 생겼다는 것이다. 좀 더 지켜보아야 할 일이지만 '이야기의 종결자가 미래를 지배한다'는 말을 믿는다면, 이는 수능 20년 동안에 17번씩이나 제도를 바꾸는 변덕이 죽 끓듯 하는 우리 교육계에 모처럼 괜찮은 결정이 아니었는가? 잠정적으로 조심스런 평가를 해본다.

입시의 당락을 떠나 자율, 동아리, 봉사, 진로활동으로 인하여 학창 시절에 잊지 못할 이야기를 하나씩이라도 더 간직하게 됐다면 그것은 성공했다고 할 수 있지 않을까?

대전이문고 IMUN-PEN 동아리는 고등학교에 창의적 체험활동이 시작되던 2011년 학생들의 꿈과 끼를 진로와 연계시켜 '1인 미디어 시대'를 이끌어 갈 선도적인 〈오피니언 리더 500명 육성 프로젝트〉의 하나로 시작되었다.

NIE 활동을 통해 지식과 정보를 능동적으로 수용하는 동시에 교육현장에서 NIE를 통한 창의·인성 교육을 활성화하여 1인 1신문을 제작하고 1인 미디어 시대 행복한 오피니언 리더 육성과 함께, 동아리 활동을 통해 학생 자신의 진로를 창의적으로 개발하고 지속적으로 발전시켜 성숙한 민주시민으로서 행복한 삶을 살아갈 수 있는 역량을 기르는 것이 동아리 운영의 목표이다.

비록 동아리 역사가 빈약하고 열악한 환경 속에 있지만 IMUN-PEN 동아리원은 모두가 꿈과 희망을 잃지 않고 각자의 꿈과 끼를 펼치면서 학창시절 잊지 못할 이야기를 만들어가고 있다. 학문의 기본인 독서는 물론이고 살아있는 교과서인 신문과 NIE 활동을 통해 세상과 소통하는 방법을 배우고 있고, 글쓰기와 신문제작을 통해 세상의 중심에 서는 창의성을 발휘하며, 미래 리더로서의 덕목을 키워나갈 뿐만 아니라 지역사회에 교육기부 봉사를 하면서 인성을 함양하고 있다.

모든 계획을 학생들의 진로와 연계시키자: 프로젝트 활동을 실행하며 끊임없이 소통하고 즐김

동아리 활동 매뉴얼도 있고, 연간 계획서도 있지만 매주 동아리 활동 시간이 올 때마다 '이번 시간에는 또 뭐하지?'라고 고민하는 선생님들이 많다.

그런데 필자는 정말로 동아리 활동 시간이 재미있다. 동아리 부원들이 서로 비슷한 취미나 진로를 가지고 있어 교과 공부 이외에 가장 편안하고 자연스럽게 소통할 수 있는 시간이기 때문이다. 그리고 일 년에 적게는 두세 개의 프로젝트를 설정해 놓고 이를 실행하다가 보면 시간이 모자라 교육과정에서 정해준 시간 외에도 주 1~2시간씩 별도로 만나는 것은 물론, 인터넷 카페와 카톡 혹은 밴드 활동을 하면서 온라인으로도 끊임없이 소통하고 있다. 방과 후 이러한 별도의 만남은 누가 시켜서 억지로 하라면 절대 못 할 일이다. 이는 학생과 교사가 서로가 하고 싶은 일을 하며 즐기기 때문에 가능하다.

지난 8월, 한국교원대학교에서 펼쳐진 '2013 온드림 서머스쿨'은 동아리 활동의 진면목을 보여 주었다. 방학 때건 평상시건 입시를 앞둔 우리나라 고등학생들에게는 너나할 것 없이 동아리 활동할 절대 시간이 부족한 것이 사실이다. 그런데도 불구하고 공연 소식을 듣고서부터 동아리 부원들 스스로 여름방학 보충수업이 끝나고, 자율학습 후에 모여서 곡을 선정하고 안무를 짜고, 서로가 서로에게 멘토가 되어서 다른 선생님들의 눈을 피해, 빈 교실에서 혹은 화장실 거울 앞에서, 열정을 가지고 연습하였다. 그리고 마지막 동영상을 촬영하는 날, 10시 30분 밤늦게 촬영을 마치고 친구들 집에서 몇몇은 밤을 지새우며 새벽까지 편집을 하고, 정해진 시간에 간신히 접수, 실제 공연 날, 전국에서 온 80여 개 중고등학교 동아리 앞에서 춤과 노래가 같이 어우러진 멋진 공연으로 갈채를 받았다.

필자도 공연한 우리 학생들도 갈채를 보낸 다른 친구들도 모두가 가슴 벅찬 감동을 느꼈다. 바보는 천재를 이길 수 없고 천재는 노력하는 자를 이길 수 없고 노력하는 자는 즐기는 자를 이길 수 없다는 말을 실감케 했다. 그래서 그 어느 시인처럼 필자에게도 지난여름은 참으로 위대했다.

동아리 활동을 통해 긍정적 자아개념을 확립하자 -동아리의 베이스캠프 독서, NIE 그리고 글쓰기

독서와 NIE 그리고 글쓰기는 인생의 목표를 향해 도전하는 이들에게 어디로 어떻게 가야 할지를 알려주는 기준점이자 방향이고 지도요, 인생의 내비게이션이다. 또 힘들고 지쳐서 나아가야 할지 망설여질 때에 따뜻한 위로와 용기를 주는 것이다. 특히 NIE는 살아있는 지식과 정보요 교과서이다. 따라서 IMUN-PEN 동아리는 이 세 가지를 모든 활동의 기저로 삼고, 동아리 학생 각자가 긍정적 자아개념을 확립하고, 진로와 관련된 자아 탐색을 심화하는 것부터 시작한다.

매 학년 초마다 각자의 꿈 목록을 작성하고. 인생 비전 맵을 만드는 것은 물론 매년 문학기행을 다녀오고 작가들과의 만남을 추진하는 것 또한 이와 맥을 같이 한다.

2013년 실향의 시대 향토문학을 다시 생각하게 해준 충남 보령 일대의 이문구 문학기행을 비롯하여 신동엽, 정한모, 김시습의 숨결이 살아 숨 쉬는 부여 문학기행(2012), 소나기의 주인공이 되어 순수했던 그 어린 시절로 되돌아가는 곳 양평 황순원 문학관 등을 기행 하였고, 나태주(2013), 정희성(2012), 정호승(2011) 등의 시인들을 초청해 그들의 주옥같은 명강의를 들으며 독서와 글쓰기에 대한 동기부여를 하였다.

그 결과 한국교원대학교 주최, 제9회 전국인성교육논술대회 2명 입상, 2013 한글어울림 한마당 백일장 금상 등 5명 입상, 제33회 대통령기 국민독서경진대회 대전시예선 단체 최우수상, 동 대회 전국대회 입상을 하였다. 그리고 한국시인협회 주최, 2013 청소년시낭송축제한마당에서도 본상을 수상하는 영예를 안았다.

동아리 활동을 통해 진로를 깊이 있게 탐색하자 -꿈과 끼를 펼치는 동아리 프로젝트 활동

IMUN-PEN 동아리는 1차적인 독서와 글쓰기에 머물지 않고, 이를 진로 관련 프로젝트 학습으로 연결하여 자신의 진로를 보다 깊이 있게 심화시키고자 노력한다. 자신이 하고 싶고, 되고 싶은 것을 바탕으로 진로를 설정하고, 인생의 롤모델을 정하여 그와 관련된 책 읽기를 실시한다.

2011년부터 학년 초에 학교 인근 중소서점을 방문하여 진로 관련 서적을 구입하고 이를 바탕으로 진로독서신문을 제작하고 탐구보고서 쓰기를 하며 자신이 선택한 진로를 폭 넓고 깊이 있게 이해하고 있다. 학교에서도 진로독서신문 만들기와 동아리활동 탐구보고서 쓰기대회를 공모하여 이를 뒷받침해 주고 활성화시키고 있다.

자신의 진로와 관련된 독서신문 만들기는 취재하고 편집하는 일련의 과정을 거치면서, 또 탐구보고서 쓰기는 진로가 같은 4인 이하의 동아리원으로 팀을 구성해, 토론하고 협동학습하면서 계획-실행-결과를 도출하는 과정에서 꿈과 끼를 펼치면서 창의·인성을 함양하고 있다.

특히 IMUN-PEN 동아리는 동아리원들의 숨은 능력을 일깨워 주고 꿈과 끼를 살리기 위해 많은 노력을 경주한다. 지난 2013년 8월에는 현대차 정몽구 재단의 지원을 받아 자기주도 학습과 진로선택의 중요성

에 대해서 두 차례에 걸쳐 진로교육 전문가를 초청해 진로멘토링 수업
을 실시했다.

또 지난 11월에는 대한민국 언론계가 주목하는 젊은 여성 CEO 대전
일보 남상현 사장을 초청하여 NIE 특강을 들었고, 같은 달 대한민국
스타 PD 1호 주철환 명사를 초청하여 〈성적을 뒤집어야 적성이 보인
다〉는 특강 및 토크쇼를 실시하며 자신의 진로를 재확인하는 계기를
가졌다.

동아리 봉사활동도 진로와 연계하자 -함께하는 꿈, 함께 여는 아름다운 세상

IMUN-PEN 동아리는 다양한 체험을 통해 자신의 꿈에 대해 끊임없
이 생각하며 자신의 진로 찾기를 위해 매진하면서도 나누고 베푸는 정
신으로 주변과 함께하는 봉사활동을 잊지 않는다.

봉사활동은 세상의 중심에서 글로벌 창의인재로 더 큰 꿈, 더 큰 사람
이 되기 위한 필수조건이라 생각하기 때문이다. 그래서 IMUN-PEN 동
아리는 학급내 학우들을 대상으로 한 교과 멘토링은 물론 정기적인 교
육기부 봉사활동에도 열중이다. 교육기부 봉사활동은 학교 인근 신탄진
초등학교 돌봄교실 학생 32명의 어린이들과 '함께 그리는 Dream Sand
Art 체험 및 페이스페인팅, 보물찾기, O×퀴즈, 손바닥으로 가족 그림 그
리고 설명하기, 바자회, 책 읽어주기' 등을 하면서 봉사자와 수혜자가 꿈
을 함께 나누며, 아름다운 세상을 같이 열어가는 프로그램이다.

2012년부터 현재까지 총 4회 실시하였고, 새해에도 교육기부 봉사

는 더욱 알차게 계속 추진될 것이다.

뿐만 아니라 IMUN-PEN 동아리는 대덕구청소년구정평가단원으로 전원 참여하여 지역사회에 관심을 가지고 지역사회 행사참여 및 지역 행정의 개선점 건의와 제안 등을 하면서 미래 지역의 큰 인물로 성장해 나가고 있다.

학교 폭력예방에도 관심이 있어 학생들의 바른 말 고운 말 쓰기에 앞 장서며, 품위 있고 성숙한 세계문화시민의 자긍심 고취에 모범을 보이고 있다. 진로와 연계한 학생 언어활동 개선 설문조사와 탐구보고서 작성은 물론 학교폭력 예방 홍보 표어와 포스터 제작 등으로 2013년 연말에는 동아리원 전원이 학교장으로부터 모범상을 수상하였다.

학생이 중심이 되는 IMUN-PEN 동아리 활동 -대전이문고를 넘어 대한민국 동아리의 중심으로

IMUN-PEN 동아리는 교육부가 주최하는 학생들이 주인공이 되어 학생 스스로 만들고 즐기는 학생 중심의 생동감 있는 전국단위 학생 동아리 축제 '대한민국 창의체험 페스티벌'에 2011년부터 2013년까지 연속으로 참가하여 입상하는 등 대전이문고를 넘어 대한민국을 대표하는 H·A·P·P·Y 동아리로 자리매김하고 있다. 2011년과 2013년에는 동아리 전시체험전에 참가하여 호평을 받았고, 2012년에는 Creative Speech 대회에서 금상(교육부장관상)을 수상하였다.

이와 같은 다양한 동아리 활동을 통하여 긍정적인 자아개념을 확립하고 세상을 보는 안목이 확대되었을 뿐만 아니라 선후배간의 관계가 더욱 돈독해 지고, 자긍심과 소속감이 증대되어 행복해 하고 있다.

이제는 동아리 선발에서 운영까지 학생 자치적으로 운영하는 단계에 접어들고 있다. 동아리 활동에 열정적으로 참여하여 NIE 우수 장학생으로 선발된 바 있는 정소연(2-7) 학생은 "나에게 IMUN-PEN은 지친 일상 속에서 나를 즐겁게 웃게 한 비타민과 같은 존재였다. 밤 11시까지 야자를 하느냐고 지쳐있다가도 동아리 시간에 동아리부원들과 함께 활동을 할 때면 항시 웃음이 나오고 즐거웠다. 꿈을 같이 공유하며 함께 미래를 열어가는 친구들이 있어 동아리 활동이 재미있고 행복했다"고 말했다.

진로를 영어로 Career라고 한다. Career는 '길 위의 수레바퀴'를 뜻하고, 수레바퀴는 굴러가야 의미가 있듯이 진로도 지속적인 탐색이 필요하다. IMUN-PEN 동아리는 2014년 청마의 해에도 보다 큰 꿈과 넘치는 끼를 발산하면서 창조적으로 생각하고 글로벌 인성을 갖춘 행복하고 멋진 '큰 사람'이 되고자 끊임없이 주도적으로 즐기면서 진로 탐색을 해 나갈 것이다.

일을 즐겁게 하는 자는 세상이 천국이요. 일을 의무로 생각하는 자는 세상이 지옥이라는 레오나르드 다빈치의 말을 생각하면서….

- 현대차 정몽구 재단, 『함께 꾸는 꿈 동아리 온드림스쿨 스토리북 3』, 2014.04

함께하는 꿈,
함께 여는 아름다운 미래

꿈과 끼를 펼치는 H·A·P·P·Y 동아리의 중심 IMUN-PEN

대전이문고등학교 IMUN-PEN 동아리는 고등학교에 창의적 체험활동이 시작되던 2011년, 학생들의 꿈과 끼를 진로와 연계시켜 '1인 미디어 시대'를 이끌어 갈 〈이문 오피니언 500명 육성 프로젝트〉의 하나로 시작되었다. NIE 활동을 통해 지식과 정보를 능동적으로 수용하는 동시에, 교육현장에서 NIE를 통한 창의·인성 교육을 활성화하여 1인 1신문을 제작하고 1인 미디어 시대 선도 언론인을 육성하는 것이 동아리 운영의 목표이다.

비록 동아리 역사가 짧고 환경도 열악하지만 모두가 희망을 잃지 않고 각자의 꿈을 펼치기 위해 최선을 다하고 있다. IMUN-PEN 동아리는 학문의 기본인 독서는 물론, 살아있는 교과서인 신문을 통해 세상과 소통하는 방법을 배우고, 글쓰기와 신문 제작을 통해 세상의 중심에 서는 창의성을 발현하며, 미래 리더로서의 덕목을 키워나갈 뿐만 아니라 지역사회에 교육기부 봉사를 하며 인성을 함양하고 있다.

동아리 활동의 베이스캠프 독서, NIE 그리고 글쓰기

독서와 NIE 그리고 글쓰기는 인생의 목표를 향해 도전하는 이들에게 어디로 어떻게 가야 할지 알려주는 인생의 내비게이션이다. 특히 NIE는 살아있는 지식과 정보 교과서이다. 따라서 IMUN-PEN 동아리는 독서, NIE, 글쓰기 세 가지를 모든 활동의 기저로 삼고 있다.

매년 문학기행을 다녀오고 작가들과의 만남을 추진하는 것도 이와 맥락을 같이 한다.

실향의 시대 향토문학에 대해 다시 생각하게 해준 충남 보령 일대의 이문구 문학기행(2013)을 비롯하여 신동엽, 정한모, 김시습의 숨결이 살아 숨 쉬는 부여 문학기행(2012), 소나기의 주인공이 되어 순수했던 어린 시절로 되돌아갔던 양평 황순원 문학 기행, 그리고 나태주(2013), 정희성(2012), 정호승(2011) 등의 시인들을 초청해 그들의 주옥같은 강의를 들으며 독서와 글쓰기에 대한 동기부여를 하였다.

그 결과, 한국교원대학교 주최 제9회 전국인성교육논술대회 2명 입상, 2013 한글어울림 한마당 백일장 금상 외 5명 입상, 제33회 대통령기 국민독서경진대회 대전시예선 단체 최우수상, 동 대회 전국대회에서 입상하였다. 또한 한국시인협회 주최 2013 청소년시낭송축제한마당에서도 본상을 받는 영예를 안았다.

꿈과 끼를 펼치는 동아리 프로젝트 활동을 통한 진로탐색

IMUN-PEN 동아리는 일차적인 독서와 글쓰기에 머물지 않고, 이를 진로 관련 프로젝트 학습으로 연결하여 자신의 진로를 더 심화시키고자 노력한다. 자신이 하고 싶은 것을 바탕으로 진로를 설정하고, 인생의 롤 모델을 정하여 그와 관련된 책 읽기를 한다. 학년 초에 학교 인근 서점을 방문하여 진로 관련 서적을 사고 이를 바탕으로 진로독서신문 제작 및 탐구 보고서 작성을 통해 자신의 진로를 폭넓고 깊게 이해하는 활동을 하고 있다. 학교에서도 진로독서신문 만들기와 동아리활동 탐구보고서 쓰기 대회를 열어 활동을 적극적으로 뒷받침하고 있다.

자신의 진로와 관련된 진로독서신문 만들기는 취재 및 편집이라는 일련의 과정을 통해, 또한 탐구보고서 쓰기는 진로와 같은 4인 이하의 동아리원으로 팀을 구성해 계획, 실행 및 결론 도출 과정에서 꿈과 끼를 펼치면서 창의·인성을 함양하고 있다.

특히 IMUN-PEN 동아리는 동아리원들의 숨은 능력을 일깨워 주고 꿈과 끼를 살리기 위해 많은 노력을 기울인다. 지난 2013년 8월에는 현대차 정몽구 재단의 지원을 받아 자기 주도 학습과 진로선택의 중요성에 대하여 두 차례에 걸쳐 진로교육 전문가를 초청해 진로멘토링 수업을 했다. 또한, 지난 11월에는 대한민국 언론계가 주목하는 젊은 여성 CEO 대전일보 남상현 사장을 초청하여 NIE 특강을 들었으며, 대한민국 스타 PD 1호 주철환 명사 초청 특강 및 토크쇼를 실시하여 자신의 진로를 재확인하는 계기를 가졌다.

IMUN-PEN 동아리는 이렇듯 진로독서신문 만들기와 동아리 활동 탐구보고서 쓰기 대회에 역점을 두고, 학년 초부터 주도면밀한 계획을 세워 프로젝트 활동을 한 결과로 좋은 성과를 거두고 있다.

2013년 교내 진로독서신문 만들기 공모에서는 23명 전원이 입상하였고, 동아리활동 탐구보고서 쓰기대회에서도 인문사회 부문과 생활예술 부문에서 각각 금상을 차지하는 등 독보적인 활약을 하였다.

동아리 활동을 통한 함께하는 꿈, 함께 여는 아름다운 세상

IMUN-PEN 동아리는 다양한 체험을 통해 자신의 꿈에 대해 끊임없이 생각하고 자기 진로 찾기를 위해 매진하면서도 나누고 베푸는 정신으로 봉사활동을 잊지 않는다. 봉사활동은 글로벌 창의인재로서 더 큰 꿈, 더 큰 사람이 되기 위한 필수조건이라 생각하기 때문이다. IMUN-PEN 동아리는 학급 내 학우들을 대상으로 한 교과 멘토링은 물론, 정기적인 교육기부 활동에도 열심이다. 학교 인근 신탄진초등학교를 찾아 돌봄 교실 학생 32명의 어린이와 함께 Dream Sand Art 체험 및 페이스페인팅, 보물찾기, ○×퀴즈, 손바닥으로 가족 그림 그리고 설명하기, 바자회, 책 읽어주기 등의 활동을 하면서 봉사자와 수혜자가 함께 꿈을 나누고 있다. 2012년부터 현재까지 총 4회 실시하였으며, 새해에도 교육기부 봉사는 더욱 알차게 추진될 예정이다.

뿐만 아니라, IMUN-PEN 동아리는 대덕구 청소년구정평가단원으로서 지역사회에 관심을 가지고 지역사회 행사참여 및 지역 행정의 개선점 건의, 제안 등을 하면서 미래 지역의 큰 인물로 성장해 나가고 있다. 또한 학교폭력예방 활동의 일환으로 바른 말 고운 말 쓰기에 앞장서며 품위 있고 성숙한 세계문화시민의 자긍심 고취에 모범을 보이고 있다.

진로와 연계한 학생 언어활동 개선 설문조사 및 탐구보고서 작성, 학교 폭력 예방 홍보 표어 및 포스터 제작 등으로 2013년 연말에는 동아리원 전원이 학교장으로부터 모범상을 받았다.

대전이문고를 넘어 대한민국 H·A·P·P·Y 동아리의 중심으로

IMUN-PEN 동아리는 교육부가 주최하는 학생들이 주인공이 되어 학생 스스로 만들고 즐기는 학생 중심 동아리 축제「대한민국 창의체험 페스티벌」에 2011년부터 연속 3년째 참가하여 입상하는 등 대한민국을 대표하는 H·A·P·P·Y 동아리로 자리매김하고 있다.

2011년과 2013년에는 동아리 전시 체험전에 참가하여 호평을 받았고, 2012년에는 Creative Speech 대회에서 금상(교육부장관상)을 받았다.

그동안 동아리 활동에 열정적으로 참여하여 NIE 우수 장학생으로 선발된 바 있는 정소연 학생은 "나에게 IMUN-PEN은 지친 일상 속 비타민과 같은 존재였다. 밤 11시까지 야간 자율학습을 하느라 지쳐 있다가도 동아리 시간에 부원들과 함께 활동할 때면 항상 웃음이 나오고 즐거웠다. 서로 꿈을 나누고 공유하며 함께 미래를 열어가는 친구들이 있어 동아리 활동 내내 재미있고 행복했다"라고 말했다.

IMUN-PEN 동아리는 2014년 청마의 해에도 보다 큰 꿈과 넘치는 끼를 발산하면서 행복하고 멋진 사람이 되고자 노력할 것이다.

- 대전광역시교육청《대전교육》2014년 2월호

│ 시와 열정이 있는 축제

　필자는 국어 교사라는 이유로 국어 교과 관련 각종 행사를 수없이 많이 해보았다. 그런데 최근 들어서 시낭송 대회가 학생들로부터 폭발적인 호응을 얻으면서 학교의 주요 행사로 자리 잡아 이채롭다.

　시낭송 대회하면 으레 클래식 선율에 맞추어 몇몇 문학도들이 명시나 창작시를 좀 근엄하고 품격 있게 낭송하는 것을 연상한다. 그래서 시낭송 대회는 글 깨나 쓰고 멋깨나 부리기 좋아하는 시인 지망생 정도나 참여하는 고답적인 대회로 알기 십상이다.

　그러나 필자가 중심이 되어 우리 학교에서 지난 2021년 가을부터 실시하는 시낭송대회는 '시와 함께 놀자'는 목표로 다양하고 재미있게 시에 접근하고 있다. 전통방식 시낭송은 물론이고, 학생들이 직접 출연하거나 풍경을 촬영하고 그림으로 그려서 제작하는 UCC, 시를 창의적으로 해석하고 각색하여 여러 친구들이 무대에서 시낭송과 함께 극으로 상연하는 시극이 있고, 노래와 패러디가 있다. 시와 함께 연극과 음악과 동영상과 글쓰기가 자연스럽게 서로 융합되어 있는 시의 한마당이다.

　2011년 첫해는 정해진 날짜에 작품이 들어오지 않아 날짜를 연기하기도 하고, 학생들의 호응의 적어 걱정하면서 겨우 80여 명이 들어가는 다목적 회의실에서 대회를 열었다. 그러나 이것이 우리 학교 시낭송 대회의 작은 씨앗이 되어 작년부터는 시낭송의 저변이 크게 확대되면서 시극이 하나의 우행처럼 퍼지기 시작했다. 대회도 1~2학년 400여 명이 참가했다. 금년에는 고려가요 「쌍화점」과 황진이의 시조 「동짓달 기나긴 밤을」을 패러디한 고전시극까지 탄생하였고, 영시, 한시, 프랑스 시 낭송까지 등장하였다.

시와 열정이 있는 또 하나의 축제로 자리매김하면서, 총 15개 팀 105명(재학 학생 수 25%)이 출전하여 질과 양면에서 큰 성황을 거두었다. 그리고 지난 11월 1일, 제28회 '시의 날'에 열리는 전국의 각종 시낭송대회에 우리 학생들이 초청되어 꿈과 끼를 발휘하였다.

이 대회를 통해 언어폭력이 위험 수위를 넘고 있는 이때에 부디 어느 수녀 시인의 기도처럼 "언제나 진실하고 언제나 때에 맞고 언제나 책임 있는 말, 좀 더 겸허하고 좀 더 인내하고 좀 더 분별 있는 사랑의 말"이 넘쳐나길 기대한다.

앞으로도 보다 나은 삶, 보다 나은 사회, 보다 새로운 세계를 향해 끝 없이 도전하며 내 주변의 가까운 교육환경부터 변화시켜 나가야겠다.

- 대전광역시교육청 《대전교육》 2014년 11월호

독도사랑 중·고 Edu-Bridge 프로젝트

"독도야! 사랑해~~" 독도지킴이 학교 운영

    대전이문고등학교의 독도에 대한 관심과 지속적인 노력은 동북아재단에서 운영하는 독도지킴이학교로 이어져, 2015년부터 독도관련 교육사업을 보다 적극적이고 체계적으로 실시하여 타 학교의 모범이 되고 있다.

    특히 지난 2015년 동북아역사재단의 지원을 받아 독도지킴이 학교를 운영하면서 '독도사랑해'와 '이문펜' 동아리를 중심으로 《독도신문》 창간호 발간, 독도 UCC 〈독도야! 사랑해~~〉(http://youtu.be/PQqm-FZfThJI) 제작, 독도전문가 동북아역사재단 곽진오 박사 초청특강, 대전과학교육연구원 상설전시장 독도사진전 관람, 서울 서대문구 소재 독도체험관 견학, 독도 역사체험 자료집 《독도의 진실 파헤치기, 독도야! 사랑해~~》 발간, 독도 독서클럽 밤샘 독서캠프 활동 '독도(讀道)로 독도(獨島)를 지킨다', 독도사랑 교내 글짓기 대회 개최, 제5회 독도문예대전(특선 3명, 입선 1명) 입상, 제10회 나라사랑 독도사랑 전국 초·중·고 글짓기 경시대회(우수상) 입상 등 다양한 사업을 펼치며 성과를 거두었다. 특히 제10회 청소년 역사체험 발표대회에서 '독도 역사체험을 통한 독도 영유권 문제 해결방안'이란 주제로 6개월여간 독도에 대해 탐구한 내용을 발표하여 동북아역사재단 이사장상을 수상하기도 하였다.

대전이문고등학교(교장 홍치영)는 독도에 대한 사랑과 나라사랑 정신을 고취시키고 일본의 독도 야욕에 대한 논리적 대응을 위해 동아리를 중심으로 다양한 시각에서 독도교육을 실시하고 있어 화제이다.

금년에는 특히 같은 지역인 신탄진중학교와 연계하여 '독도사랑 중·고 Edu-Bridge 프로젝트'를 전개하고 있어 그 성과가 주목된다.

대전이문고등학교는 자라나는 우리 청소년들의 나라사랑 정신과 우리 국토에 대한 올바른 가치관 정립을 위해 다각적인 독도교육과 일본의 지속적인 독도 영유권 주장에 대한 체계적이고 논리적인 대응이 필요하다는 생각에서 지난 2010년부터 독도교육을 학교 교육과정에 편입시켜 운영해오고 있다.

역사교육을 통한 국적 있는 교육을 학교적인 차원에서 강조하며 도덕, 사회, 한국사 등 독도관련 교과를 활용한 독도교육의 내실화를 기하였고, 매년 독도교육주간이나 독도의 날을 전후해 독도 계기교육을 실질적으로 실시하면서 그 의미를 되새겼다.

진로·교과와 연계한 독도교육 전개

이 같은 2015년의 성과를 바탕으로 2016년에도 독도교육의 내실화를 위한 다양한 방안을 모색하고 이를 좀 더 학생들의 진로와 혹은 교과와 연계시키고자 다양한 시도를 하며 독도교육 명문학교로 자리매김하고 있다.

금년에는 반크와 함께하는 제5기 디지털 독도 외교대사 3명 활동, 나라(독도)의 소리 신문 학생기자 28명 선발, 독립기념관 주관 2016년 중등단체교육 '독도는 우리 땅!' 참가학교에 선정되어 40명의 학생들이 지난 5월 11일 독립기념관 독도학교에서 교육을 받았다. 특히 이번 독도학교 교육은 옛 지도와 고문헌 등의 실증적인 사료를 통해 역사 속에서의 우리 땅 독도를 확인해보고, 일제강점기의 유물이 전시된 독립기념관 제2전시관과 대한민국 임시정부의 활동을 알아볼 수 있는 제6전시관을 탐방한 후, 외교부와 제작한 독도 동영상을 시청하였다. 그리고 독립기념관 온실에 독도 식물인 섬기린초를 같이 심으며 독도사랑을 체험하고 실천하였다. 끝으로 일본의 독도 영유권 주장에 논리적으로 대응하기가 진행되어 이론과 체험을 겸한 독도의 산교육이 되었다.

독도사랑 중·고 Edu-Bridge 프로젝트

대전이문고등학교 독도사랑, 독도교육은 여기에서 끝나지 않고 대전시교육청의 특색사업인 '유·초·중·고 Edu-Bridge 프로젝트'로 발전되어 같은 지역, 같은 사학재단인 신탄진중학교와 연계하여 '독도사랑 중·고 Edu-Bridge 프로젝트'를 전개하고 있다.

지난 독도교육주간(4.11~4.15.)에는 우리의 고유 영토인 독도에 대한 사랑을 확인하는 방법으로 〈역사의 증언 우리 땅 독도〉 동영상을 중·고가 함께 관람하고 토론하며 생각나누기를 한 후, 4월 22일 방과 후 활동을 통해 독도필통 만들기를 '2016년 독도사랑 중·고 Edu-

Bridge 프로젝트'와 연계시켜 신탄진중학교 학생들에게 독도필통을 선물하며 독도관련 역사, 문화, 자연 등에 대해 멘토링하면서 홍보를 전개하였다.

또한 대전이문고과 신탄진중 학생들은 6월 3일 독도전문가 동북아역사재단 정영미 박사 초청 특강을 같이 듣고, 독도 관련 동아리 활성화와 독도 관련 창의학습동아리 활동을 통해 학생들 스스로 멘토-멘티하면서《독도신문》2호 발간, 독도 역사체험 자료집 발간 및 독도 토론수업 등을 전개하며 선후배 간의 소통과 이해를 기반으로 공교육 신뢰를 제고하는 창의인성교육의 장을 마련해 나갈 계획이다.

역사 교사가 되어 독도의 진실을 바르게 가르치고 싶어하는 곽성희(대전이문고 2학년)학생은 지난 독도필통만들기 독도체험봉사활동을 마치고, 우리의 땅 독도에 대한 사랑이 더욱 깊어졌고, 독도에 대해 같이 고민하고 있는 중학생 동생까지 생겨서 무척 좋았다고 말했다. 또 김민지(신탄진중 2학년) 학생은 독도에 대한 막연한 생각에서 벗어나 왜 우리가 독도를 사랑하고 아껴야 하는지를 체험을 통해 배울 수 있었고, 고등학생 선배들과 함께 하다 보니 자신이 고등학생이 된 기분도 들고, 고등학교 생활을 일부나마 미리 경험할 수 있어서 좋았다며 즐거워했다.

또한 행사를 주관한 방경태 교사는 이런 독도체험봉사활동을 통해 독도사랑의 마음이 전국적으로 퍼지고, 일본의 야욕에 우리 학생들이 체계적이고 논리적으로 대응하고 독도의 진실을 밝혀 동아시아를 넘어 세계평화에 이바지하길 기대한다고 전하였다.

대전이문고등학교는 자생적이고 자발적인 동아리 활동을 중심으로 독도에 대한 역사와 자연 및 영토분쟁의 어제와 오늘에 대하여 객관적으로 이해학고 일본의 책략에 대해 체계적이고 논리적으로 대응하며 독도의 중요성과 가치를 알고 미래지향적인 한·일 관계의 영토관과 역사관을 확립하기 위해 노력할 것이다. 또한 같은 지역 중·고등학생들이 스스로 탐구하고 활동하는 '독도사랑 중·고 Edu-Bridge 프로젝트'를 통해 투철한 나라사랑과 우리 국토에 대한 수호의지를 확실히 하고, 나아가 미래 지향적인 한일관계에 적합한 세계시민 의식을 함양하고자 한다.

- 대전광역시교육청 《대전교육》 2016년 6월호

꿈과 끼를 살리는
행복한 교육동행의 현장을 찾아서

대전이문고등학교는 변두리의 열악한 교육적 환경을 극복하고 대학 입시와 동아리 활동에서 두각을 나타내며 행복한 교육동행을 실천하고 있다. 열악한 환경 속에서도 입시에서 발굴의 실력을 발휘하며 남달리 행복하고, 남달리 재미있게 학교생활을 하는 데는 나름의 비결이 있다. 그 비결을 동아리 활동을 중심으로 살펴보고자 한다.

교육동행 실천 동아리 활동 접근법

학생들에게 '고기를 잡아주는 것이 아니라 고기 잡는 법을 가르쳐야 하는 것'처럼 대전이문고등학교는 단순히 대학을 가기 위한 수단으로써의 동아리 활동이 아니라 앞으로 대학에서 연구 활동을 전개해 나갈 때 필요한 사고력과 탐구 절차와 그 과정에서의 팀원 간의 협력과 배려까지 습득할 수 있는 고교-대학 학습의 연장선상에서 동아리활동을 운영하고 있다. 그래서 학생들의 꿈과 끼에 관심을 갖고 이를 잘 발현할 수 있도록 교사들은 항시 나침판 역할을 하며 교육동행을 실천한다.

학년 초 동아리를 개설하고 싶은 학생과 교사들이 체육관에서 자신들이 개설하고 싶은 동아리를 전체 학생들에게 소개하고 관심 있는 학생들과 상담도 전개하는 동아리 박람회를 개최하여, 학생들의 자율적인 의사와 특기와 적성을 고려하여 동아리 개설을 승인한다. 2017년 현재 창의적 체험활동 동아리 48개, 창의 학습 자율동아리 94개 등 총 142개 동아리가 개설되어 활발하게 활동하고 있다.

대전이문고는 동아리 개설 이전에 동아리 TF팀을 구성하여 동아리 활동의 기본적인 ABC부터 완성도를 높이는 Z까지 이론적 사전 교육을 실시하고, 동아리 운영 전반과 탐구보고서 쓰기 등을 정기적으로 멘토링하면서 동아리 운영의 내실화와 활성화에 기여하고 있다. 이렇게 학생들의 꿈과 끼를 잘 파악하고 교사는 학생들에게 그 꿈과 기를 잘 발현할 수 있도록 나침반의 역할을 하면서 학생 중심의 동아리 활동이 튼튼하게 자리를 잡아가고 있다. 우수 동아리 몇 개를 소개하면 다음과 같다.

- **이문펜 동아리**: 미래 오피니언 리더 육성을 목표로 2011년 3월 창단부터 1인 미디어 시대를 맞게 책읽기와 NIE를 기반으로 1학생 1진로 독서신문 제작과 1학생 1책(탐구보고서 혹은 소논문)쓰기로 활발한 저작 활동을 전개하면서, 지역사회 교육기부(신탄진초) 봉사활동을 통해 나눔과 배려를 실천하고 있다. 이문펜 동아리는 2011-2014 연속으로 '대한민국 창의인성 한마당'에 참가하여 금상 교육부장관상(2012)과 은상 교육감상(2014), 현대차 정몽구재단 온드림스쿨 온드림상(2014), 제4회 GUN 고교 우수 동아리 발표회 우수상(2015), 제6회-제7회 대한민국 창의적 체험활동 경진대회 최우수상(2015, 2016) 등

을 수상하며 대전이문고를 넘어 대한민국 대표 동아리로 자리매김하고 있다.

- **창의공학 동아리:** 공학 기술 분야에서 사용되는 창의적 사고기법을 이해하고, 다양한 공학영역을 탐구하며, 실제 모형 설계 및 제작을 통해 자신의 진로문제를 합리적으로 계획하고 실천할 수 있는 통합적인 체험활동을 하고 있다. 또한 동아리 활동을 통한 SW교육으로 컴퓨팅적인 사고력을 향상시키고 미래 산업 사회에 필요한 능력을 길러 빠른 변화에 적응하고 있다. 창의공학 동아리는 지난 2016년도 YTN사이언스 '소프트웨어 놀이터'에서 창의공학 드론 수업이 방영(5월 10일)되었고, 교내 SW 페스티벌에서 체험부스 운영 및 드론 조종 대회를 주도(7월 15일)하였으며, 대전광역시 초·중·고 진로 체험 동아리 공모에서 최우수 동아리로 선정되어 대전광역시교육감상을 수상한 바 있다. 지금은 공학에 꿈을 갖고 있는 학생들에게 동아리의 요람으로 인기가 아주 높다.

- **인터랙트 동아리:** 대전이문고 인터랙트 동아리는 2007년 3월에 창단하여 현재까지 10년 넘게 한결같은 마음으로 불편한 이웃 어르신과 시설 아동들을 위해 정기적인 봉사활동을 펼치고 있어 칭찬이 자자하다. 매월 첫째 주 토요일은 학교 인근에 소재하는 보시파시오 요양병원과 웰스테이 요양병원에서 어르신 발마사지 활동과 자서전 대필해 드리기 등의 봉사활동을 통해 경로효친사상을 함양하며 가족과 건강의 소중함을 일깨우고 있다. 또 매월 셋째 주 토요일에는 대

덕구에 소재하는 정화원과 온달의 집을 방문하여 매월 새로운 미술 프로그램을 개발하여 장애인들과 함께 어우러지면서 장애인들에 대한 그릇된 편견이 장벽을 허물고 공동체 의식을 함양한 창의인재로 커가고 있다.

대전이문고 인터렉트는 봉사활동을 통해 대한민국 인재상을 배출하는 등 각종 청소년자원 봉사대회에서 수많은 입상자를 내면서 창의적이고 질적으로 우수한 봉사활동을 펼치며 지역의 큰 인재로 성장해 나가고 있다.

- **독도사랑해 자율동아리:** 자생적이고 자발적인 동아리 활동으로 독도에 대한 역사와 자연 및 영토분쟁의 어제와 오늘에 대하여 객관적으로 이해하고 일본의 책략에 대해 체계적이고 논리적으로 대응하기 위해 독도 이슈를 놓고 월 1회 이상 토론회를 개최한다. 이를 통해 독도의 역사와 분쟁의 내용을 정확히 이해함으로써 투철한 나라 사랑과 우리 국토에 대한 수호의지를 확실히 하고, 나아가 미래 지향적인 한일 관계에 적합한 민주시민 의식을 함양한다. 독도사랑해는 독도지킴이 활동의 일환으로 '청소년 역사체험 발표대회'에서 독도의 영유권 분쟁 문제 해결 방안과 독도 및 동해 표기문제 등으로 2015년부터 2년 동안 입상하는 기염을 토하였다.

- **해이야 자율동아리:** 대학입시에 매몰되어 있는 인문계 고등학교의 삭막함에서 벗어나 학생들만의 즐거운 멋과 문화를 창조해보자는 뜻에서 2015년부터 가을부터 매달 1회씩 학교 숲 공원에서 점심시간

에 학생 중심의 공연을 펼치며 꿈과 끼를 표출하고 있다. 이 공연은 MC, 연주, 촬영 등 모든 일을 학생들이 자율적으로 기획하여 진행하고 있으며, 갈수록 인기가 높아져 참가 학생 수가 크게 늘고 있다.

대전이문고는 이 '해이야(Happy Imun Yard)'의 공연 활동에 고무되어 금년에는 교육부와 대전시교육청으로부터 '학교예술교육 거점학교'에 선정되어 연극과 뮤지컬의 전문 인력이 투입되어 낙후한 지역 사회에 새로운 차원의 학생 중심 학교예술교육을 주도해 나가고 있다.

대전이문고, 대전교육의 중심으로 거듭나

이같이 종합적이고도 역동적인 학생 중심 동아리 활동을 통해 학생 생활이 즐겁고 행복한 학교로 변모해 가는 선순환 구조를 통해 입시 성적도 날로 향상되어 이제 변두리 학교에서 벗어나 대전교육의 중심으로 자리를 확실히 하고 있다. 지속적으로 발전을 거듭하고 있는 대전이문고에 주목하며 더 좋은 학교, 더 행복한 학교로 거듭나길 기원한다.

- 대전광역시교육청 《대전교육》 2017년 7월호

코로나19 팬데믹 속 교육 문화 혁신, 위기를 기회로!

1. 총성 없는 전쟁 코로나19 팬데믹 쇼크

지금 인류는 코로나19 팬데믹 쇼크로 총성 없는 전쟁을 치르고 있다. 지난해 12월 31일 중국이 WHO에 후베이성 우한을 중심으로 정체불명의 폐렴이 발생했다고 보고한 지 170일이 지난 지금도 확진자와 사망자가 계속해서 늘어가고 있는 추세이다. 현재 세계적 통계 사이트인 월드오미터에 따르면 6월 15일 현재 감염 확진자가 전 세계에서 769만 명에 달하고, 사망자는 무려 42만 8,000명을 기록하고 있다.

아시아-유럽-미국으로 그 진앙지를 이동하면서 남녀노소, 지위고하는 물론이고, 계급과 인종과 국가를 가리지 않고 인류에게 엄청난 인적·물적 피해를 주고 있다. 코로나19 팬데믹 쇼크로 세계의 여러 곳에서 생필품 사재기, 각자도생, 인종주의 강화, 국경폐쇄, 자국중심주의 현상이 일어나고 있고, 앞으로의 경제공황은 이보다 더 큰 문제라고 우려하는 목소리가 높다. 『사피엔스』의 저자 유발 하라리의 지적처럼 금번 세대 최악의 위기라 할 수 있다.

『총·균·쇠』의 저자 재레드 다이아몬드가 갈파한 것처럼 전염병의 세균이 인류문명을 크게 바꿔놓고 있는 것이다. 진행 중인 코로나19는 중세 유럽의 흑사병 못지않게 외적인 변화뿐만 아니라 사람들의 인식과 가치관마저 크게 뒤흔들며 우리의 삶에 큰 변화를 일으키고 있다.

2. 코로나19 극복을 위한 우리 교육계의 노력

교육계도 예외는 아니어서 코로나19로 심한 진통을 겪고 있다. 학교의 전통적인 졸업식, 입학식, 개학식은 사라지고 유튜브 등을 활용하여 온라인으로 진행되는 신풍속도가 연출되었다.

신학기 책 배부 역시 자동차 스루, 또는 운동장에 전시해 놓고 개별적으로 찾아가는 낯선 모습을 선보였다. 그리고 코로나19로 개학이 늦어지자 3월 초에 새 학년을 맡은 담임들은 새로 맡은 학급의 학생들과 유무선 전화를 통해 새 학년 기초상담을 실시하여 개학에 만전을 기하였다. 이는 사학의 특성을 살려 학년말에 담임 발표와 학년 진급을 했기 때문에 가능하였다. 그리고 각 교과 선생님들은 세 차례에 걸쳐 가정학습을 부과하고 확인하는 방안을 마련하는 데 주력하였다.

그 후 교사들은 EBS 온라인 클래스, 구글 클래스룸, ZOOM 화상회의를 활용한 온라인 수업을 위해 수차례의 교직원 연수와 교사 간의 연습 및 각종 대책 회의를 열어가며 치열하게 준비하였다. EBS 온라인 클래스 등에 학습방을 개설하고 그곳에서 과제와 형성평가를 제시하고 출석을 확인해 나갔다.

여기에서 한 걸음 더 나아가 구글 클래스룸, ZOOM 등을 활용하여 실시간 원격수업을 하며 교사·학생간 쌍방향 화상 수업을 위해 진땀을 흘렸으며, 온라인상에서는 실시간 토론 및 소통 등 즉각적 피드백을 효과적으로 주고받고자 교사 수업공동체 간 협의회가 잇따랐다. 카카오톡 오픈 채팅방, 카카오톡 라이브톡, 유튜브 등 다양한 콘텐츠 매체가 동원되고 각종 아이디어가 쉴 틈을 주지 않았다.

온라인 수업 기간 동안 오전 7시 40분 담임 선생님들과 학생들이 줌을 통해 쌍방향 조회를 하는 것을 시작으로 쌍방향 수업과 과제형 수업을 혼합한 콘텐츠 수업 61개 강좌, 과제형 온라인 수업 8개 강좌, 줌을 통한 쌍방향 수업 5개 강좌를 열어 온라인 수업을 하였고, 모든 강좌는 줌을 통해 실시간으로 출결을 확인, 수업 손실을 줄이기 위해 최선을 다하였다. 그리고 블록수업 도입과 수업 중 카카오톡을 통해 수시로 학생들의 질의 질문에 응하는 등 온라인 수업의 새로운 모델을 만들어 갔다.

교단에 선 교사들은 너나 할 것 없이 평생학습 시대, 1인 미디어 시대를 여는 새로운 교수-학습 방법을 배우고 익히며 가르치는 일에 하루하루를 정말로 바쁘고 힘들게 보냈다.

5월 20일 80여 일 만에 3학년이 등교하면서부터 학교는 활력을 되찾았으나 여전히 코로나19 확산 예방을 위한 우리들의 노력은 계속되었다.

코로나19의 여파로 학생들과 교사들은 등교하자마자 생활 거리두기 등교 지도에서부터 시작하여 열화상감지 체크, 마스크 착용 지도, 손씻기 지도, 식사 시간 거리두기와 대화 금지 지도, 점심시간 교실 및 화장실 지도 등 코로나19로 인해 바쁜 일정을 소화하고 있다. 뿐만 아니라 수업 시간은 물론이고 식사 시간을 제외하고는 상시 마스크를 착용하고 일정한 거리두기로 책상을 띄워 짝꿍이 없이 학교생활을 해야 한다. 또 점심식사에 재미있게 수다를 떨던 것은 이제 옛말이 되었고 조용히 혼밥을 해야 하는 새로운 시대가 되었다.

코로나 이후 학교 수업도 학교 문화도 이전과는 다른 많은 변화가 일어나고 있으며 학교혁신 문화는 그 어느 때보다도 절실하고 외부적 요인에 의해 빠르게 확산되고 있다.

3. 코로나19 그 이후를 생각하는 학교혁신 문화

교사들은 요즘을 교직에 들어와서 새로운 것을 가장 많이 배운 가장 힘든 시기라고 생각하면서 코로나 이전과 이후의 교사는 구분되어야 한다고 입을 모은다.

이것은 코로나19 팬데믹 쇼크로 인한 고통이요 아픔이라 생각하며 우리가 그 마지막 세대로 새 시대를 여는 첫 번째 사람이고 싶어 한다. 그리고 갑자기 닥친 위기라 모두 혼미한 상태이지만 앞으로의 미래교육을 앞당겨야 한다는 기쁜 마음으로 오늘을 이겨내고 있다.

대전이문고등학교는 지금 코로나19의 위기를 기회로 삼고자 노력하고 있다. 구글 클래스룸과 줌 화상회의를 활용한 쌍방향 수업은 코로나19가 끝나더라도 언제든지 우리에게 필요한 또 하나의 수업유형으로 자리 잡을 것으로 보고 이에 대한 관심과 노력을 경주하고 있다. 아이캔 노트와 태블릿을 활용한 인공지능 기반 미래교육과인공지능 융합교육과정 및 4차 산업혁명 등에 깊은 관심을 가지고 우리 학생들이 거기에 잘 적응하며 행복한 삶을 살 수 있는 역량을 기르는 데 최선을 다하고 있다.

이를 위해 우리 대전이문고등학교는 미래교육 패러다임의 전환 요구에 발맞추어 알기 위한 학습(Learning to know), 행동하는 학습(Learning to do), 더불어 살기 위한 학습(Learning to live together), 자아실현을 위한 학습(Learning to be)을 목표로 배움과 성장이 함께하는 다양한 학교혁신 문화 프로그램을 운영해 나가고 있다.

그 하나로 학생이 배우고 싶은 교과목을 자유롭게 선택하는 교육과정 다양화 및 학생 수업 선택권 확대를 위해 부단한 노력을 기울이고 있다. 미래 사회에 필요한 핵심 역량을 자기 주도적으로 학습할 수 있도록 진로에 따른 학생선택형 교육과정 즉 학생 진로 설계에 따라 학생 스스로가 만들어 가는 교육과정을 운영하여 현재 53개 교과목을 개설해 운영하고 있다.

그 결과 학생들은 2020학년도 시간표를 받아들고 학교의 혁신과 변화를 실감했다. 지금까지 매 학년 초에 받던 학급 시간표가 아닌 개인마다 각기 다른 개인별 시간표를 받았기 때문이다. 2학년 정원이 164명인데 시간표는 무려 130개의 종류가 나왔다. 80%에 가까운 학생들이 각기 다른 시간표로 학교생활을 할 만큼 교과목 선택권이 다양하다는 얘기이다. 이를 위해 1학년 때부터 학생 자신의 진로를 설계하고 이를 위해 학교에서 무엇을 선택하여 공부해야 할지 3년간의 교육과정을 이해하고 1인당 3회 이상 자기 진로와 교육과정을 설계하였다.

4. 학생의 진로 설계와 성장을 돕는 행복한 미래 교육

대전이문고등학교에서 앞으로 인공지능 융합교육과정이 본격적으로 운영되면 학생들이 선택하는 교과목의 수효는 자연히 늘어나고 그만큼 선택의 폭은 더 커질 것으로 보인다.

대전이문고등학교는 쾌적한 교육 환경 속에서 미래사회가 요구하는 미래 교육에 관심을 갖고 학생들의 과목 선택권을 최대한 보장하는 진정한 학생 맞춤형 교육을 실현함으로써 학생의 학습 동기와 흥미를 불러일으키고 미래사회에 필요한 역량을 기르는 데 앞장설 것이다.

이를 위해 학생 주도적으로 탐구 활동을 하거나 심화 학습을 하는 창의적 자율학습동아리에 많은 학생들이 자발적으로 참여하여 운영할 수 있도록 문호를 개방하고 있으며, 학급 내 멘토-멘티 활동, 수업시간 내 모둠활동 및 토의 토론 활동을 활발히 진행하며, 질문이 샘솟는 교실을 만들어 가고 있다.

또 입시 중심의 교육에서 벗어나 학생들의 특기와 적성을 살릴 수 있는 메이커 교육과 데이터 리터러시, 독서 교육 등에 관심을 갖고 모든 학생의 진로 설계와 성장을 돕는 교육과정을 정상적으로 운영하며 행복한 미래 교육을 열어가고 있다.

우리가 모르는 사이에 성큼 다가온 미래 교육, 이제 너무 두려워하지 말고 지혜롭고 슬기롭게 접근하여 교사와 학생이 모두 행복한 교육으로 만들어 가도록 힘을 모아야 할 때이다.

- 충청북도교육연구정보원, 2020 충청권 학교혁신 원격포럼,
〈코로나19 혁신학교에 미래를 묻다!〉 사례발표, 2020.06·25.

위기를 기회로,
미래교육 앞당기다

"충격적으로 찾아온 코로나19의 여파로 학생들과 교사들이 당연히 해야 할 등교도 마음대로 하지 못 하는 상황 속에 갇혔다. 어렵사리 등교를 하더라도 건강상태 자가진단은 물론, 마스크 착용, 거리 두기 등의 방역수칙 준수가 가장 중요한 또 하나의 공부가 됐으니 말이다.

교사들은 코로나19로 유사 이래 처음으로 원격수업을 실시하게 됐다. 학생들에게 학습 결손이 발생하지 않도록 다양한 화상 플랫폼을 활용한 교수학습 방법을 개발하고, 이전과는 또 다른 새로운 차원의 생활지도를 해야 하는 진통을 겪고 있다. 가히 교육 혁명이라 할 만큼 코로나19 이전과 이후가 확연히 다른 시대임을 실감하고 있다.

이런 가운데 요즘 학생들 스스로 선택교과목을 정해 시간표를 짜는 진로 맞춤형 학점제 수업을 시작했다. 위기를 기회로 삼아 미래 교육을 앞당기며 포스트 코로나 시대 교육 패러다임을 만들어 가고 있다. 사회적 관심과 응원이 필요하다."

- 《금강일보》 2021. 05. 03. 13면

청소년 금연, 건강한 삶을 위한 필수조건

1. 임오년 새해의 금연 화두

임오년 새해의 화두는 각종 게이트와 금연으로부터 시작되고 있다고 해도 과언이 아니다. 이는 건강한 사회를 위하여 꼭 처리되어야 할 문제라는 점에서 공통점을 지니고 있다. 특히, 오늘 우리가 논의하고자 하는 금연 문제는 지난해 11월 20일 정부의 '금연종합대책'이 마련되고, '국민건강증진법'이 금년 1월 19일 공포되어 2월 1일부터 실행되면서 애연가들과의 격론이 일기도 한 우리 일상생활의 중요한 화두이며, 조그마하면서도 큰 변화이다.

앞으로 정부청사와 유치원, 초중고교, 의료기관 등은 절대금연 건물로 지정되어 이곳에서는 흡을 할 수 없으며, 금연구역 내에서는 흡연자에게는 과태료 10만 원 이하가 부과된다. 월드컵 경기장에서도 '클린(Clean) 월드컵'의 가치 아래 전 지역이 금연구역으로 선포될 예정이다. 서울시교육청은 이미 시내 모든 초중고교를 절대금연 구역으로 지정하고, '청소년 흡연과의 전쟁'을 선포하였고, 각 직장마다 금연운동이 한창이다.

금호그룹은 벌써 오래전부터 흡연자는 채용하지 않고 있으며, 안국

약품은 올해부터 담배를 끊는 직원에게 금연수당 100만 원씩 지급하기로 했다고 한다. 또 시중에는 금연 관련 각종 책자가 홍수처럼 나와 불티나게 팔리고 있고, 금연초를 비롯한 금연 보조품 내지 보조 식품이 한창 호황을 누리고 있다.

해마다 신년이 되면 말버릇처럼 외치던 금주·금연이 금년에는 이와 같은 사회적 분위기와 함께 '이주일 신드롬'으로 금연자가 늘어나고 있는 추세다. 코미지 황제로 국회의원까지 지낸 이주일 씨가 "담배를 끊지 않은 것을 뼈저리게 후회한다"고 하면서 폐암으로 산소 공급장치를 착용한 채, 투병 생활하는 것이 전파를 타고 우리들에게 생생하게 전해지면서 흡연의 폐해를 실감케 하고 있다.

그러나 성인들과 달리 우리 청소년들은 아직도 그 폐해를 깊이 인식하지 못한 채날로 흡연율이 늘어만 가고 있는 실정이다.

이에 본고는 의제를 좀더 구체화하여 청소년 흡연의 문제점과 대책을 청소년 흡연의 실태, 청소년 흡연의 폐해 진단, 청소년 금연 대책 및 교육적 지도 방안 등으로 구분하여 살펴보기로 한다.

2. 청소년 흡연의 실태

우리나라 청소년들은 1980년대 이른바 교복·두발 자율화로 상징되는 학원 자율화의 물결이 일어나면서부터 흡연율이 급격하게 증가되기 시작하여, 이제는 고등학교 3학년 학생들 중에 60% 이상이 담배를 피운다고 한다. 시내 한복판에서도 교복을 입은 채로 담배를 피우는 학생들을 심심찮게 볼 수 있는 실정이다.

보건복지부가 밝힌 바에 따르면 우리나라 남자 성인과 남자 고등학생의 흡연율이 각 각 세계 1위와 2위를 차지하고 있다. 새해의 화두 금연과 함께 성연 흡연율이 급속히 감소하고 있는 것은 참으로 다행스러운 일이다. 그러나 최근에는 중학생을 포함한 나이 어린 청소년들과 여성의 흡연이 급증해 국민건강에 심각한 위협이 되고 있다.

성인 흡연율이 감소 추세에 있기는 하지만 여전히 집에서는 아버지가 담배를 피우고 사회 지도층들이 담배를 피우고 같은 또래의 대다수가 어른들 몰래 담배를 피우며 담배를 권하고 흡연을 인정하는 사회적 분위기 속에 우리 청소년들이 놓여 있다. 흡연의 폐해를 제대로 인식하지 못한 채 청소년들 스스로에 의한 직접흡연과 청소년들을 보호해야 할 어른들과 친한 친구들(흡연자)의 간접흡연에 무방비 상태로 노출되어 있는 것이다.

한 보고에 의하면 청소년 흡연은 중3에서 고1 사이에 가장 많이 시작되고 있으며, 그 동기는 친구가 피우기 때문에 친구와 어울리기 위해서, 호기심 때문에, 스트레스 해소, 어른스러워 보이기 위해서, 성(性) 차별에 대한 불만(여학생) 등이다.

3. 청소년 흡연의 폐해 진단

그러나, 이들이 무슨 이야기를 하든, 청소년기의 흡연은 건강에 아주 해롭다. 담배 연기 속에는 타르, 일산화탄소, 니코틴 등 약 4,000여 종이나 되는 많은 독성 화학물질이 들어 있는 것으로 추정된다. 이로 인해 유발되는 암의 종류만 하여도 폐암, 구강암, 인후암, 췌장암, 자궁경부암, 후두암, 방광암, 신장암 등 8가지에 달한다.

또 폐결핵, 폐렴, 독감, 기관지염, 폐기종, 천식 등의 호흡기 질환, 류마티스 심장질환, 고혈압, 폐성 심장질환, 뇌혈관 질환, 동맥경화, 대동맥류와 같은 심혈관 질환을 일으키고, 여성의 경우 체중 미달아, 신생아 호흡장애 증후군, 신생아 돌연사 증후군 등 소아질환 유발 등의 육체적 건강에 결정적인 해독을 끼친다. 뿐만 아니라 마약과 유사한 정신건강의 폐해, 아무데나 버리는 담배꽁초와 역겹고 지독한 냄새 등으로 인한 환경오염 피해 등도 이루 말할 수 없다.

미국에서 발간된 한 보고에 따르면 25세 이후에 흡연한 경우 사망률이 비흡연자의 5.2배인데 비해 15세 이하 흡연자의 사망률은 18.7배에 이른다. 어린 나이에 일찍 흡연을 하면 할수록 각종 질병으로 인한 사망률이 크게 증가함을 알 수 있다. 그래서 청소년기의 흡연은 이렇게 성인이 되었을 때의 건강상의 손실로 인한 개개인의 불행과 손해는 물론이고, 니코틴의 중독에 깊게 빠지게 되고 청소년 범죄로 연결되어 사회적, 국가적 손실이 상상할 수 없을 정도로 크다고 하는데 그 심각성이 있다.

한편, 통계청이 발표한 〈2001 한국의 사회지표〉를 보면, 18세 이상 성인이 1년 동안 1049억 개비의 담배를 피워 5조 2,800억 원을 허공에 날려 보냈다. 또 개인적으로 매일 한 갑씩 50년간 담배를 피우면 50평 아파트 한 채를 살 수 있는 돈을 낭비한다. 그러나 이보다 더 큰 국가적 문제는 담배를 통한 세수보다 담배의 폐해로 인한 연간 추가 의료비와 직간접 경제적 손실이 더욱 크다고 하는 점도 심각하게 생각해 볼 일이다.

4. 청소년 금연 대책 및 교육적 지도 방안

흡연이 백해무익한 행위임에도 불구하고, 청소년들이 흡연을 자연스러운 것으로 받아들이게 하는 요인들이 주위에 만연해 있는 현 상황에서 청소년의 흡연을 예방하고 이미 흡연하는 청소년들은 금연하도록 하기 위해서 아래와 같은 대책이 시급히 요구된다고 한국금연협의회는 권고하고 있다.

첫째, 초·중·고등학교에서는 학교전체를 완전금연 구역으로 하고 학생흡연문제를 다루기 위하여 교사, 학부모, 그리고 전문가로 구성되는 금연위원회를 설치하여야 한다. 교사는 교무실에서 또는 학생들이 보는 장소에서의 흡연을 해서는 안 된다.

둘째, 교육위원회에서는 초·중·고등학교 학생의 금연지도를 위한 담당부서를 설치하고 각 지역에 금연학교를 설립하여 니코틴에 중독되어 있는 학생들의 금연운동에 협조해주어야 한다.

셋째, 사회 전체적으로는 미성년자에게 담배 심부름을 중지하고, 담배 판매를 금지하며 담배 가격을 대폭 인상할 필요가 있다. 미성년자가 담배를 피우는 것을 볼 때, 어른들은 즉시 이것을 지적하고 훈계하여야 한다.

넷째, 가정에서는 미성년자인 자녀가 흡연을 하는 경우 이해와 설득으로 반드시 금연하도록 하고 부모가 먼저 솔선수범하여야 한다.

청소년의 금연 문제는 먼저 그 폐해를 청소년들 자신들이 스스로 인식하고 굳은 의지로 실천하는 것이 가장 바람직하고 가장 이상적이다. 그러나 우리 청소년들은 흡연의 유혹에 빠지기는 쉬워도 그것과의 단절을 실천하는 의지가 부족하고 금연의 필요성을 아직 절박하게 체험하지 못하고 있다.

따라서 청소년 금연 문제는 다른 여타의 교육과 마찬가지로 어른들이 일상생활에서 먼저 모범을 보이면서, 금연 교육 프로그램을 만들어 계획적이고 지속적으로 우리 청소년들을 바람직한 방향으로 변화시켜야 한다. 청소년들의 금연은 청소년 당사자들뿐만 아니라 학교와 가정과 사회가 모두 적극 참여하고 도와주어야 하는 것이다. 우리 청소년들이 흡연의 습관을 완전히 버리고 그 유혹에서조차도 완전히 자유로운 금연 청정 환경 속에서 생활할 수 있도록 우리 사회 모두가 교육적 지도와 조언을 아끼지 말아야 하는 것이다.

5. 금연에 대한 인식전환 중요

정부의 '금연종합정책'과 '국민건강증진법'의 실행에 발맞추어 우리 대전시교육청도 〈2002 학생 금연운동 추진 기본계획〉을 마련하고 관내 5개 보건소와 연계하여 시내 125개 중·고등학교에 흡연의 피해 사례를 중심으로 흡연 예방 교육을 실시할 예정이다.

이를 통해 학생 흡연율의 감소에 따른 학생의 건전한 성장 발달 강화, 학생 비행 및 타 청소년 유해 약물 복용으로의 이행 차단, 교직원 건강 증진을 통한 활발한 교육 및 지원 활동 강화, 학생 기본 생활 습관 형성을 통한 인성 교육의 내실화 등의 효과를 기대하고 있다. 이 모두가 실효를 거두어 우리 청소년 건강증진에 기여하기를 바란다.

담배는 17세기 초 일본을 통해 우리나라에 들어온 이래 지금과 같은 폐해를 모르는 가운데 많은 애연가들을 낳은 것이 사실이다. 또 정부는 이를 이용하여 담배를 성인 기호 식품으로 합법적으로 인정하고 지방 교육세까지 붙여 세수원의 일정 부분으로 삼고 있다. 정부는 이렇게 오래전부터 그 자신이 생산과 제조 판매를 하면서 다른 한편으로는 소비자와 흡연을 규제하는 '병 주고 약 주는 식'의 이중적 태도를 보이고 있다.

우리의 밝고 건강한 백년대계를 위하여 우리 청소년들이 원천적으로 흡연으로부터 보호될 수 있도록 정부는 담배 수급정책에서부터 적극적이고 획기적인 방안을 마련해야 할 것이다.

흡연자를 규제하고 금연을 권장하는 것은 우리나라뿐만 아니라 세계적인 추세이다.

그리고 건강은 건강할 때 지켜야 한다고 하듯이 흡연 역시 건강에 특별한 이상이 느껴지지 않을 때 일찍 시작할수록 좋다. 특히 니코틴에 덜 중독되고 덜 습관화된 청소년들은 흡연의 굴레에서 벗어나 건강한 삶 속에서 희망찬 각자의 꿈을 마음껏 펼쳐야 한다.

이제 담배는 내 돈 내고 내가 피우는데 누가 상관이냐는 식의 기호품적 차원이 아니다. 이 세상에 오직 하나밖에 존재하지 않는 소중하고 귀한 나와 우리의 생명을 건강하고 깨끗하게 보존하며 유지시키는 생명의식의 차원에서, 법의 규제를 받는 사회적 질서와 사회의 건강증진을 위한 준 법적 차원에서, 또 우리 청소년들이 주역으로 활동할 글로벌 시대의 에티켓을 갖춘 세계시민의 차원에서 금연이 이루어져야 한다.

금연은 해도 되고 안 해도 되는 선택적 사항이 아니라, 보다 쾌적하고 건강한 삶을 위한 필수요건이다. 금연에 대한 우리의 인식전환과 금연을 하고자 하는 본인의 의지가 그 무엇보다도 중요하다고 하겠다.

학교 내에서의 금연운동도 이러한 점을 충분히 고려한 교육적 차원의 배려로 흡연자의 자연스러운 참여와 협조를 유도해 나가야 할 것이다. 이제, 우리의 밝은 미래와 건강한 삶을 위하여 우리 청소년들의 금연운동에 우리가 가지고 있는 지혜를 모아야 할 때이다.

- 대전광역시교육청, 청소년 흡연의 문제점과 대책
(제15차 사이버 토론 지정토론), 2002.01.21.

정확한 소통과 바른 어문교육을 위하여

- 고등학교 국어 교과서 오류 유감

1

누군가 아는 만큼 보인다고 했던가? 교직 20여 성상이 지난 지금 새롭게 교과서를 접하면서 새삼스레 여러 생각이 든다.

고등학교 국어 교과서는 국민 공통 기본 교육을 담당하는 1종 교과서로 우리 대한민국 고등학생 전원이 1권의 책으로 공부를 강요하는 베스트셀러이며, 우리나라 어문교육을 대표하는 책이다.

기본 텍스트

서울대학교 국어교육연구소, 고등학교 국어(상), 교육 인적 자원부, ㈜ 두산, 2002.
서울대학교 국어교육연구소, 고등학교 국어(하), 교육 인적 자원부, ㈜ 두산, 2002.

그런데 필자가 지난해 '대전일보 NIE 논술 자문교사'로 논술교육에 관심을 갖고 논술을 지도하고 첨삭하면서 어느 날부터인가 완벽해보이던 교과서가 예전과 다르게 다가왔다. 교과 논술, 통합 논술의 제재로 사고력 신장을 위한 중요한 텍스트로서 새롭게 부각되며 긍정적인 면도 많이 발견되었지만, 학생들의 논술 첨삭지도를 하면서 이런저런 토론과 토의를 거듭하다 보니 논술 실력이 향상된 것일까? 다음과 같은

교과서의 '옥의 티'가 발견되기 시작했다.

2

먼저 고등학교 국어(상)에 실린 염상섭의 『삼대』를 소개하는 줄거리 부분의 오류이다.

[예시1-1] ㉠대지주인 조부 조의관은 양반 행세를 하기 위해 족보를 사들일 정도로 명분과 형식에 얽매인 ⓐ구세대의 전형이고, ㉡아버지 상훈은 신문물을 받아들였으나, 이중생활에 빠져 재산을 탕진하는 ⓑ과도기적 인간형이다. ㉢아들 덕기는 선량한 인간성의 소유자이나, 조부와 아버지의 갈등 속에서 적극성을 잃은 ⓒ우유부단한 인간형으로 그려진다. *(고등학교 국어(상), p.325)*

위의 [예시1-1]은 우선 소설 속의 삼대(三代)를 소개하는 ㉠'대지주인 조부 조의관', ㉡'아버지 상훈', ㉢'아들 덕기'라는 부분의 표현이 잘못되었다. 삼대를 지칭하는 '조부-아버지-아들'은 서술의 기준이 모호하고 한자와 순우리말이 혼재하여 표현의 통일성이 이루어지지 않았다.

이 부분이 잘못 되었다는 것은 이 바로 다음 단락에서 "덕기의 조부 조의관은 고루한 봉건 의식의 소유자이다. 어렵사리 모은 거액의 재산으로 집안의 크고 작은 제사를 받들고, 가문의 명예를 키워 나가는 것을 가장 큰일로 삼는다. 칠순 노인이면서 부인과 사별한 후 서른을 갓 넘긴 수원댁을 후취(後娶)로 들여 네 살배기 딸까지 두고 있다. <u>조의관이 가장 못마땅하게 여기는 사람은 바로 아들 조상훈이다.</u>(고등학교 국어(상), p.325)"라는 점만 보아도 잘 알 수 있다.

　여기서는 '덕기의 조부 조의관'으로 객관화시켜 서술한 다음에 또 다른 서술 기준인 조의관을 중심으로 '아들 조상훈'이라 칭하였다. 이 단락 자체에서는 아무런 문제가 없으나 위의 [예시1-1]과 연관시켜 보면 일관성이 결여되어 있어 내용의 혼돈까지도 올 수 있다. 단락이 사고의 단위이고 이 소설의 시점이 전지적 작가 시점인 점을 감안한다면, 이 문제는 제3자의 눈으로 좀 더 객관화시켜 '할아버지-아버지-손자' 혹은 '조(祖)-부(父)-손(孫)'으로 하는 것이 좋고, 전자가 문맥의 흐름상 더 바람직하다.

　아니면 [예시2]에서처럼 덕기를 중심으로 '덕기의 조부 조의관 - 덕기의 부친인 조상훈- 덕기'라 하는 것이 낫다. 같은 맥락에서 ㉠'대지주인 조부 조의관'은 '대지주인'을 생략해도 무난할 것이다. 뒤의 ㉡'아버지 상훈'과 ㉢'아들 덕기' 부분이 모두 인물을 꾸며 주는 관형어가 생략되어 있기 때문이다.

　또한 인물의 유형을 설명하는 ⓐ'구세대의 전형', ⓑ'과도기적 인간형', ⓒ'우유부단한 인간형'은 일관성이 없다. ⓐ와 ⓑ가 시대적으로 구분한 인물의 유형이라 한다면, ⓒ는 성격으로 구분한 인물의 유형이기 때문이다. 어느 하나의 기준으로 일관성 있게, 그리고 문맥에 맞게 표현되어야 한다. 문맥을 무시하고 인물의 유형만을 시대적인 기준으로 보면 ⓐ'구세대의 전형', ⓑ'과도기적 전형', ⓒ'신세대의 전형'으로 수정하는 것이 합리적이다.

그리고 인물의 성격으로 구분하여 기술한다면 인물 하나하나를 다시 연구하여 일관성 있게 수정하여야 할 것이다.

[예시]1-2] ㉠덕기의 조부 조의관은 고루한 봉건 의식의 소유자이다. 어렵사리 모은 거액의 재산으로 집안의 크고 작은 제사를 받들고, 가문의 명예를 키워 나가는 것을 가장 큰 일로 삼는다. 칠순 노인이면서 부인과 사별한 후 서른을 갓 넘긴 수원댁을 후취(後娶)로 들여 네 살배기 딸까지 두고 있다. 조의관이 가장 못마땅하게 여기는 사람은 바로 아들 조상훈이다. 맏아들이면서도 집안일은 안중에 없고, 오로지 교회 사업에 골몰해 집안의 돈을 바깥으로 빼돌리는 데만 혈안이 된 것으로 여긴다. 더구나 조의관이 가장 소중하게 여기는 봉제사를 조상훈은 기독교 교리에 어긋나는 우상 숭배라고 반대하고 전혀 돌보지 않아서 조의관은 아들보다도 손자인 덕기에게 더 큰 믿음을 가진다. 집안의 모든 일도 손자인 덕기와 의논해서 결정하고, 자신이 죽고 난 후 재산 관리도 덕기에게 일임하리라 생각하고 있다.

㉡덕기의 부친인 조상훈은 위선자다. 미국 유학까지 마친 지식인이자 신실한 기독교 신자요, 교회 장로인 그는 교회를 통한 사회 운동과 교육 사업에 큰 뜻을 품고 집안의 재산으로 그런 사업에 직접 투자하기도 하고 민족 운동가의 가족을 돌보기도 한다. 그러나 정작 그의 실생활은 축첩(蓄妾)과 노름, 그리고 술로 얼룩진 만신창이 난봉꾼의 생활이다. 그는 자신이 보살피던 운동가의 딸인 홍경애와 관계를 맺어 아이까지 낳고도 무책임하게 내동댕이치는가 하면, 매당집이란 곳에 드나들면서 나이 어린 여자들과 불륜의 관계에 빠지기도 한다.

ⓔ덕기는 할아버지나 아버지와는 다른 신세대의 인물이다. 그러나 그는 친구 김병화처럼 마르크스주의자는 아니다. 병화가 하는 일에 심정적으로 동조하기는 해도 그 자신은 법과를 마치고 판사나 변호사가 되려는 꿈을 품고 있다. 자신의 그런 꿈이 가끔 운동가인 병화의 조소를 받아도 크게 개의하지 않는다. 병화는 목사인 아버지와 사상적으로 대립하여 가출해서는 여기저기를 떠돌면서 기식하는 형편이지만 자신의 뜻을 절대 굽히지 않는 반면, 덕기는 할아버지나 아버지와 정면충돌하는 경우는 없다. 오히려 상황에 따라서는 세대를 달리하는 그들의 사고방식과 행동을 이해하고 동정하기도 한다. (고등학교 국어(상), pp.325-326)

위의 [예시1-2]는 각 인물을 상세하게 설명하면서 [예시1-1]을 뒷받침하는 부분이다.

[예시1-2]는 등장인물의 관계 설정에 기준이 없었던 [예시1-1]과는 달리 단락별 첫 문장 ⓐ, ⓑ, ⓔ에서 보듯이 주어, 혹은 화제어가 '덕기의 조부 조의관-덕기의 부친인 조상훈-덕기'라 하여 덕기를 중심으로 객관적이고 일관성 있게 제시되어 있다. 그러나 인물을 분석한 서술어 부분은 역시 일관성이 없다.

ⓐ에서는 '고루한 봉건 의식의 소유자', ⓔ에서는 '신세대의 인물'이라 하여 시대적 상황을 기준으로 인물을 유형화한 것처럼 보이지만, ⓑ은 이들과 달리 '위선자'라 하여 성격을 기준으로 인물을 분석하고 유형화했다.

또 ⓔ의 "덕기는 할아버지나 아버지와는 다른 신세대의 인물이다. 그러나 그는 친구 김병화처럼 마르크스주의자는 아니다."라는 부분은 앞뒤 문장이 역접으로 대조되어 있으나 '신세대의 인물'과 '마르크스주의자'는 같은 층위의 낱말이 아니라는 점에서 문제가 된다.

주지하는 바와 같이 '신세대의 인물'은 '구세대의 인물'과 대조를 이루며, '마르크스주의자'는 이와 대립되는 또 다른 ~주의'를 찾아 대조시켜야 한다. '사과는 맛있지만 오렌지는 노랗다'는 말이 있다면 이것은 잘못된 대조이다. '맛있다'와 '노랗다'는 같은 층위의 단일한 기준이 아니기 때문이다. 이 소설 속에서 김병화가 덕기를 '부르주아지'라 놀리는 점과 이들의 가정형편과 시대상황 등을 고려하면 덕기는 '부르주아지'라 할 수 있고, 김병화는 '프롤레타리아'로 볼 수 있다. 그래서 이 문제는 층위가 다른 '신세대의 인물'과 '마르크스주의자'를 대조시키는 것이 아니라 '부르주아지'와 '프롤레타리아'로 대조시키는 것이 좋을 것이다.

[예시1-3] 잠재되어 있던 조씨 가문의 불화와 암투가 전면에 드러난 것은 조부의 임종을 앞두고 생긴 재산 분배 과정에서였다. 조의관의 후취인 수원집과 그녀를 조의관에게 소개해준 최 참봉 등은 재산을 가로챌 욕심으로 유서 변조를 계획하고 조의관을 독살(毒殺)한다. ㉠ 의사들의 배설물 검사로 비소 중독이 판명되자 상훈은 더 명확한 사인 규명을 위해 사체 부검을 해야 한다고 주장하지만 집안 어른들의 완강한 반대에 부딪혀 좌절되고 범인 찾기도 흐지부지되고 만다. (고등학교 국어(상), pp.326-327)

위의 [예시1-3]은 우선 ㉠의 '의사들의 배설물 검사'라는 의미가 정확

하지 못하다. 이는 '의사들의 배설물을 검사했다'는 것인지, '의사들이 (조의관의) 배설물을 검사했다'는 것인지 정확한 소통이 이루어지지 않는다.

내용을 이해하고 있는 입장에서는 당연히 후자의 내용이라는 것을 감지하지만 원고의 내용 자체만으로는 모호한 문장이다.

3

다음은 고등학교 국어(하)에 실린 이기백의 「민족문화의 전통과 계승」 본문에 나타난 오류이다.

이 글은 문장이 치밀하고 논리적이며 구체적인 논거를 통해 주장의 설득력을 높이고 있어 논술의 모델처럼 여겨지고 있다. 서론 부분에서는 소견논거를 통한 문제의 현실성 강조, 부정적 현실상황을 통한 문제의 시급성 강조, 의문문 형식을 통한 예상 반론 제시 등이 있다. 본론 부분에서는 비교와 대조를 통한 논지 부각, 풍부한 예증을 통한 논지의 설득력 확보, 인과적 서술을 통한 논지의 선명성 획득, 적절한 지시어와 연결어 사용으로 글의 일관성과 통일성 등을 확보하고 있다. 뿐만 아니라 결론에서는 서론에서 제기한 예상 반론에 대한 명쾌하고 간결한 대답, 핵심 논지가 지니는 의의를 확대하며 마무리하는 등 논술이 핵심적 요소들을 모두 갖추고 있어 효과적인 말하기와 글쓰기의 표본이라고 해도 과언이 아니다. 그러나 이 완벽한 글에도 옥의 티가 숨겨져 있었다.

[예시2-1] ⓐ겸재(謙齋) 정선(鄭歚)이나 ⓑ단원(檀園) 김홍도(金弘道), 혹은 ⓒ혜원(蕙園) 신윤복(申潤福)의 그림에서도 이런 정신(필자 주: 인습에 항거하고 새로운 전통을 창조하는 정신)을 찾을 수 있다. 이들은 화보 모방주의(畫譜模倣主義)의 인습에 반기(反旗)를 들고, 우리나라의 정취(情趣)가 넘치는 자연(自然)을 묘사(描寫)하였다. 더욱이 그들은 산수화(山水畫)나 인물화(人物畫)에 말라붙은 조선 시대의 화풍(畫風)에 항거(抗拒)하여, ㉠'밭 가는 농부(農夫)', '대장간 풍경(風景)', '서당(書堂)의 모습', '씨름하는 광경(光景)', ㉡'그네 뛰는 아낙네' 등 현실 생활(現實生活)에서 제재(題材)를 취한 풍속화(風俗畫)를 대담(大膽)하게 그렸다. 이것은 당시에는 혁명(革命)과도 같은 사실이었다. 그러나 오늘날에는 이들의 그림이 민족 문화의 훌륭한 유산(遺産)으로 생각되고 있는 것이다. (고등학교 국어(하), pp.169-170)

위의 [예시2-1]은 자신의 주장을 뒷받침하는 충분한 논거가 부족하여 긴밀성이 떨어지는 문제가 있다. 필자는 우리가 계승해야 할 민족 문화 전통의 성격을 설명하면서 조선 후기 풍속화를 사실논거로 들고 있는 것이다. 그러나 예시로 들은 겸재 정선을 뒷받침할 구체적인 그림이 본문에 나타나 있지 않다.

㉠'밭 가는 농부(農夫)', '대장간 풍경(風景)', '서당(書堂)의 모습', '씨름하는 광경(光景)'은 ⓑ단원 김홍도의 그림이고 ㉡'그네 뛰는 아낙네'는 ⓒ혜원 신윤복의 그림이다.

물론 교과서(같은 단원이 시작되는 p.164)에서는 삽화로 호암 미술관이

이 그림은 고등학교 국어(하) 4-1 민족문화의 전통과 계승 첫 쪽, p.164에 수록되어 있는
정선의 '인왕제색도(仁王霽色圖)'이다

소장하고 있는 겸재 정선의 '인왕제색도'가 소개되어 있다. 이 '인왕제색
도'는 정선이 당시의 화보 모방주의의 인습에 항거하여 정취가 넘치는
우리나라의 인왕산 자연 풍경을 화폭에 담은 창조적 작품이다.

그러나 이것을 위의 [예시2-1]에 삽입해 넣을 경우 이는 풍속화가 아
닌 산수화이기 때문에 통일성을 해치게 되어 삭제된 것이 아닌가 한다.
겸재 정선의 창조성이 인정되지만 [예시2-1]의 문맥의 흐름으로 보아서
는 ⓐ'겸재 정선'을 생략하는 것이 문제해결의 지름길이다. 글을 쓸 때
에 글의 자료들은 많을수록 좋다. 그래서 글을 쓰는 사람들은 많은 자
료들을 수집하지만 그 모든 것이 글의 제재로 쓰이지는 않는다. 문맥에
맞지 않으면 아까운 글의 자료라도 과감히 버려야 하는 것이 지혜이다.

4

혼히 언어는 전달하고 전달받기 위해 약속한 기호라는 측면에서 소통(疏通)의 정확성을 강조한다. 교과서에서 발견되는 옥의 티는 이러한 측면에서 유감이 아닐 수 없다. 우리 학생들에게 우리의 국어 교과서가 정확한 소통을 위한 바른 어문교육의 지침서로서 거듭나길 바란다.

국어 교과는 '국민 공통 기본 교육'의 교과이고, 그 자체가 도구 교과이며 동시에 다른 교과목의 도구라는 점을 감안한다면 오점이 하나도 없는 완벽한 교과서가 되어야 하지 않을까?

황순원 「별」의 모티프와 작중인물 연구

I. 머리말

황순원의 「별」에 관한 분석적 고찰은 많은 연구자들에 의해 여러 관점에서 수행되어 왔다.

유종호[1]가 황순원의 「별」은 '인간 심리의 근원적인 국면을 그 발생기에 포착하여 다루고 있다'는 핵심을 밝힌 이래 이재선,[2] 김용희,[3] 임관수,[4] 양선규[5] 등의 제의적 측면 내지는 신화화적인 측면에서 미학적 특징의 본질을 밝히는 데 힘을 기울여 왔고, 서월심,[6] 남미영[7] 등에 와서는 죽음의 의식을 다룬 성장 소설이라는 측면이 강조되었다. 그리고 김현숙[8]은 '내몰다'라는 핵심 의미소에 역점을 두어 언술의 층위가 이루

1   유종호, 『한국인과 문학사상』, 일조각, 1964.

2   이재선, 『한국현대소설사』, 홍성사, 1979.

3   김용희, 『현대소설에 나타난 '길'의 상징성』, 정음사, 1986.

4   임관수, 「황순원 작품에 나타난 자기실현 문제」, 충남대 석사학위논문, 1983.

5   양선규, 「어린 외디푸스의 고뇌: 황순원의 '별'에 관하여」《문학과 언어》 제9집, 1988.

6   서월심, 「황순원 소설에 나타난 죽음의식 연구」, 한남대 석사학위논문, 1991.

7   남미영, 「한국 현대 성장소설 연구」, 숙명여대 박사학위논문, 1991.

8   김현숙, 「황순원의 「별」에서 '내몰다'의 기호학」, 『구조와 분석 II: 소설』, 도서출판 창, 1993.

어 내는 텍스트의 질서를 기호학적인 측면에서 분석하였다. 이밖에도 개별 작가론[9]과 작품론[10]을 다루면서 부분적으로 「별」의 문예학적 특성이 자주 언급되고 연구되어 왔다.

그러나 이들의 연구는 상당한 성과를 거둔 것이 주지의 사실이지만 한 작가의 작품을 올바르게 이해하기 위해서는 보다 본질적이고 다양한 연구방법이 적용되고 다양한 층위에서 그 평가가 이루어져야 한다는 견지에서 보면, 황순원의 「별」에 관한 연구 또한 아직 보완되어야할 연구의 빈자리가 숨겨져 있고 텍스트를 새롭게 읽어낼 수 있는 독서법이 요구된다.

기존의 문학연구는 대부분 세계-작가, 작가-텍스트, 작가-독자 혹은 텍스트 자체에만 치중되어 왔고 설령 독자를 고려한 작품해석의 시도가 있었더라도 그것은 독자로 하여금 작가의 의도를 이해하고 거기에 함몰, 작가와 일치시키려는 경향이었다고 할 수 있다. 즉 독자가 도외시된 상태의 연구이었다.

따라서 본고는 '세계-작가-텍스트-독자-작품'의 과정을 거치면서 독자가 상상과 문학적 소통에 의해 텍스트를 능동적으로 재구성해야 한다[11]는 견지에서 먼저 텍스트의 구성을 분석적으로 수용할 것이며, 작품의 주제를 구축하고 통일감을 주는 중요 모티프를 상징적으로 분석할 것이다. 그리고 소설 작품의 중심과제는 성격 창조, 즉 인물의 창조라 할 수 있다는 점에서 작중인물을 그레마스의 기호론을 일부 도입하여 분

---

9 이정숙, 「지속적 자아와 변모하는 삶: 황순원론」, 『한국근대작가연구』, 삼지원, 1985.

10 이태동, 「실존적 현실과 미학적 현현」, 『현대문학』 1980.11. 『황순원 연구: 황순원 전집 12』, 문학과 지성사, 1993 재수록.

11 차봉희, 『독자반응비평』, 고려원, 1993, p.69 참조.

석할 것이다. 문학작품은 하나의 의미만 지니고 있는 것이 아니고 다양한 의미를 포괄하는 것이므로 작품을 총체적으로 이해하여야 한다.

그런 차원에서 본고는 하나의 방법만을 고집하는 편견에서 오는 오류를 줄이고자 다각적인 면에서 본 텍스트를 이해하고자 한다.

II. 텍스트 수용

독자는 우선 황순원의 「별」을 수용함에 있어서 동북이라는 아이가 한동네 과수노파로부터 누이가 죽은 어머니와 닮았다는 말을 얼김에 듣고, 누이를 미워하기 시작한 아홉 살부터 시작하여 누이가 시집가서 죽고, 돌아간 어머니와 같이 별이 되었다가 아이가 그 별을 내몰게 되는 열네 살 되기까지 누이와의 관계를 중심으로 겪게 되는 심리적 갈등을 아홉 개의 에피소드로 플롯화되어 있음을 접하게 된다. 따라서 본고는 먼저 단순 수용의 차원에서 텍스트의 구성을 정리해 보고자 한다.

① S1 아이가 한동네 과수노파로부터 동북누이가 죽은 어머니와 닮았다는 말을 얼김에 듣는다.

S2 아이는 누이의 얼굴이 생각나지 않아 집으로 돌아와 누이의 얼굴을 들여다본다.

S3 아이는 어머니가 누이처럼 미워서는 안 된다고 머리를 옆으로 저으며 처음으로 누이에게 눈을 흘기며 무서운 상을 해 보인다.

S4 생각다 못해 아이는 과수노파를 찾아가 누이가 어머니와 닮지

않았다는 것을 확인 받는다.

S5 그리고, 누이가 비단 헝겊을 모아 만들어 준 낭자 튼 예쁜 각시 인형을 땅속에 묻는다.

S6 골목을 다 나온 곳에서 아이는 당나귀에게 아랫도리를 차이고, 당나귀를 못살게 굴다가 다리를 삐고, 누이가 보살펴 주지만 혼자 일어나 집으로 돌아온다.

② S7 아이는 누이를 혼내 줄 계교로 누이가 업고 있는 이복동생의 볼기짝을 진짜로 꼬집어 울게 한다.

③ S8 아이는 누이가 옥수수 쌍둥이 만들기 내기를 하자는 제의를 거절하고 알알이 뜯어 먹기만 한다. 누이가 주는 옥수수자루도 뜨물 항아리에 버린다.

④ S9 아이는 옆집 애와 땅따먹기를 하다가 반달 끝이 이지러지자 고쳐 다시 금을 긋는다. 이때 옆집 애와 누이가 각각 땅이 줄게 그어서 그러는 줄로 알고 반달을 배가 부르게 금을 그어 주지만 거부하며 소리를 지른다.

⑤ S10 하루는 뒷집 계집애와 누이가 땅따먹기를 하다가 싸우는데 뒷집 계집애 남동생은 누이에게 흙을 끼얹으며 역성을 들었지만, 아이는 누이보다 예쁜 뒷집 계집애가 싸움에 이기는 것이 옳다고 생각하며 못 본 체 외면하고 골목 어귀에 있는 당나귀에게로 걸어간다.

⑥ S11 열네 살이 된 아이는 뒷집 계집애보다 더 예쁜 소녀를 만나서 사귀게 되지만 소녀에게 뽀뽀를 당하고 어머니를 생각하며 그녀를 뿌리친다.

⑦ S12 별이 별나게 많던 첫가을 밤, 아이는 어머니를 생각하며 그 별 중의 하나가 어머니라고 여긴다.
S13 누이가 한반 동무의 오빠를 사귀는 것을 알게 된 아버지가 누이를 꾸짖는 소리와 "네게 잘못이라도 생기믄 땅 속에 있는 네 어머니한테 어떻게 낯을 들겠니"하는 의붓 어머니의 소리가 들리자 아이는 죽은 어머니까지 들추게 하는 누이에 대한 증오로 몸을 떤다.

⑧ S14 꽤 쌀쌀한 어떤 날 밤, 아이는 누이에게 산보를 하자고 꾀어 강가로 가서 누이가 대리모로서 소명을 가지고 살아감을 얘기했으나 들은 척도 하지 않고 누이의 부정에 책임을 묻는다. 그러나 누이가 돌아간 어머니와 같이 애정을 풀어서는 안 된다고 생각하고 그곳을 떠나고 만다.

⑨ S15 누이는 시내 어떤 실업가 막내아들과 혼약을 맺는다.
S16 시집가던 날, 누이는 가마에 들어가면서 눈물 어린 눈으로 아이를 찾았으나 아이는 몸을 숨기고 누이를 지켜보기만 한다.
S17 시집간 지 얼마 안 되어서 누이의 부고를 받는다.
S18 누이의 얼굴이 생각나지 않아 인형을 찾았으나 썩어 분간을

할 수 없었다.

S19 당나귀 등에 타 누이를 생각하며 일부러 떨어져도 보았으나 다치지 않았다.

S20 아이의 눈에는 눈물이 고였고 그때 어두운 하늘에 별이 돋아나 아이의 눈에 내려와 하나는 돌아간 어머니이고 다른 하나는 죽은 아이가 아니냐는 생각에 미치자 아무래도 누이는 어머니와 같은 아름다운 별이 되어서는 안 된다고 머리를 옆으로 저으며 눈을 감아 눈 속의 별을 내몰았다.

독자 중심 입장에서 텍스트의 표층구조를 능동적으로 재구성하여 보면 황순원 「별」은 이렇듯 아홉 개의 에피소드가 20개의 유의미적 요소별로 구성되어 있고 ①과 ⑨가 서로 수미쌍관적 기법을 가미하여 유기적으로 직접 연결되면서 하나의 단편을 이루고 있고, ②~⑧은 삽화적 요소로 ①과 ⑨의 언술 내용을 강화시켜 주는 동위소 역할을 하고 있다. ①과 ②~⑧ 그리고 ⑨로 3분절 됨을 의미한다.

①은 발단 부분으로 독자들에게 앞으로 전개 과정에 대해 많은 것을 시사해주면서 상상력을 불러일으키며 이 텍스트를 이해하는 중요한 길잡이 역할을 한다. 즉 ① S1은 S2, S3, S4, S5, S6의 모든 원인일 뿐만 아니라 텍스트 전반의 원인 제공소이기도 하다. 황순원의 「별」은 이렇듯 과수노파의 스쳐가는 말 한마디가 아이의 가치에 혼돈을 주고 미추 의식을 일깨워 주고 돌아간 어머니에 대한 회상을 하게 하면서 텍스트 전반을 이끄는 중요한 계기를 이루고 있다. 과수노파의 발언은 아이가 접하는 충격적인 최초의 경험이었고 외디푸스적 비극의 발단인 신탁

(oracle)에 다름 아니었다.[12]

그리고 ①의 S5, S6은 ⑨의 S19, S19와 평행을 이루며 ②~⑧의 S7, S8, S9, S10, S11, S13, S14 등으로 연결되며 3원적 구조라는 공통된 구조를 형성하고 있다. 주동인물과 반동인물이라는 양극적 두 인물사이에 의사소통의 전달수단 혹은 매체로 작용하는 매개항[13]이 전제한다는 것이다. 즉 주동인물 아이와 이에 반동적인 인물 누이 사이에 각시인형(S5, S18), 당나귀(S6, S10, S19), 옥수수(S8), 땅따먹기(S9), 이복동생(S7), 어머니(S14) 등이 매개항으로 작용하고 있고 누이와 뒷집 계집애 사이에는 아이(S10)가, 아이와 소녀 사이에는 어머니(S14)가, 누이와 동무오빠 사이에는 아버지(S13)가, 그리고 누이와 아버지 사이에는 아이(S13)가 각각 매개항의 존재로 작용하면서 3원적 구조를 형성하고 있다.

한편 ②~⑧의 삽화는 사건에 따라 성격의 변화를 가져오는 입체적이고 역동적인 아이와 항시 인내하며 베푸는 어머니와 같은 평면적인 누이와의 갈등이 주가 되고 거의 일방적으로 아이의 거부와 부정으로 일관함을 읽을 수 있다. 그리고 ⑤ S10, ⑦ S13만 누이가 주동인물이고 나머지는 모두 아이가 주동인물이라 할 수 있다.

또 반동인물은 ①, ②, ③이 모두 누이이고 ④는 옆집 애, ⑤는 뒷집 계집애, ⑥은 소녀이다. 그런데 '누이 → (옆집 애) → 뒷집 계집애 → 소녀 → (어머니)'는 아이의 미의식을 반영한 것으로 추한 것에서부터 아

---

12 양선규, 앞의 책, p.107.

13 이사라, 「3원구조에 있어서의 매개기능」, 『한국문학과 기호학』, 문학과 비평사, 1988, p.191. 매개항이란 두 요소들이 의사소통의 전달수단 혹은 매체로서 작용하는 세 번째 요소의 중재에 의해서, 혹은 중재를 통해서 분절하게 되는 어떤 과정인 것으로 양극적 요소를 극대화시키기도 하고 완화시키기도 하는 다양한 기능을 가지면서 독자적인 특징을 형성한다.

름다운 순서로 배열되었음을 알 수 있다. 반면 ⑦에서는 누이의 미의식을 엿볼 수 있다. '(실업자 막내아들)」 → 아버지 → 아이 → 동무오빠' 순서라 할 수 있는데 실업자 막내아들은 S15에서 남편이 될 사람이지만 얼마 안 가서 누이가 죽고 마는 것으로 보아 누이가 그렇게 좋아하지 않은 것이 분명하고 아버지보다는 아이를 더 비중있게 좋아했던 것으로 보인다. 이는 ⑧S14에서 누이가 아이에게 산보를 하며 건네던 말에서 유추되는 것이다. 그리고 동무 오빠를 우선순위로 올린 것은 처음으로 누이가 마음을 열고 사귄 남자이고 그 외모가 또한 뛰어나며 누이가 결혼할 나이였다는 점에서 아이보다 우위에 놓은 것이다. 그러나 이는 어디까지나 전후문맥을 통해 상상한 것으로 글의 구성과 일치하는 것은 아니다. 아이의 미의식은 순서대로 나열되어 있는 반면 누이의 것은 산재되어 그 순서가 전도되므로 해서 죽음까지 이르게 됨을 볼 수 있다.

②~⑧의 삽화는 이렇게 여러 층위에서 서로 상호 텍스트성을 지니면서 산만하게 산재되어 있는 듯하면서도 하나로 통일성을 이루며 내용을 더욱 풍부하게 해주고 있다.

III. 모티프 분석

일반적으로 모티프(motif)는 반복되어 나타나는 동일한 또는 유사한 낱말, 문귀, 내용을 말한다. 한 작품에서 나타날 수도 있고 한 작가 또는 한 시대 또는 한 장르에서 나타날 수도 있다. 계속 반복되어 그것이 느껴질 정도가 되는 모든 요소는 모티프라 할 수 있으며, 그것은 작품의 주제를 구축하고 통일감을 주는 중요 단위의 구실을 한다.[14]

본고가 분석 수용하고 있는 황순원의 「별」은 이러한 의미에서 '별'과 '당나귀', '각시인형' 등이 모티프로 작용하고 있는데, 다음은 그 내용을 살피기로 한다.

1. 별

별은 희망, 순수, 지조 그리고 도달하고 싶은 이상을 상징한다. 단테는 지옥은 별이 없는 암흑의 장소라고 했다. 그는 「연옥」 편에서 별을 정의, 질서, 힘, 사례, 절제 등의 미덕을 나타내는 정령(精靈)의 이미지로 제시했다.[15]

별은 결국 꿈과 이상과 희망의 상징이며 막연한 그리움의 모티프라는 것을 알 수 있다. 오늘날 문학에서의 별은 잃어버린 순수와 꿈의 회복을 갈망하는 현대인들의 정서적 등가물로서 자리하고 있다. 가스통 바슐라르도 『공기와 꿈』에서 별의 존재를 다음과 같이 언급하고 있다.

하늘에는 낡아 버린 단어들 때문에 詩를 가지고서도 채 다 이름 붙이지 못 한 많은 꿈들(별들)이 있는데! "꿈의 원칙으로 돌아오시오. 별 박힌 밤은 인식하라고 우리에게 주어진 것이 아니라 꿈꾸라고 주어진 것인저, 그것(별 박힌 밤)은 별 박힌 꿈에서의 초대이며, 우리 욕망의 온갖 가지 형상을 짓기 쉬우면서도 덧없는 (곧 새벽이 오면 별자리는 사라질

---

14 이상섭, 『문학비평용어사전』, 민음사, 1981, pp.68-69 요약.

15 이창배, 「별」, 『문학비평용어사전』, 민음사, 1981, pp.68-69 요약.

것이므로) 건축물로 만들어 보고자 하는 것인저 고정되어 있는 항성의 임무는 꿈들을 고정시키고……[16]

별은 그리움의 대상이며 유한한 존재이다. 태양이 있는 낮에는 빛으로 가려져 있고 항상 어둔 밤에만 그 존재를 드러낸다. 그만큼 현실에 존재하지 않고 멀리서 존재하기에 아름답게 보이고, 아름답게 느껴지고, 아름답다라고 말한다.[17] 텍스트에서는 별을 표제어로 쓰고 있을 뿐만 아니라 그 아름다운 별을 보며 "땅에 이슬같이만 느껴지던 별이 오늘밤엔 그 어느 하나가 꼭 어머니일 것 같은 생각이 들어 수많은 별을 뒤지고 있었다(S13)"에서 보듯 본 텍스트에서는 별과 어머니를 일체화시키고 있다.

주인공 아이의 외디푸스적 갈등을 묘사한 소년기 심리소설로 보고 있는 양선규는 아이의 아니마가 상징화를 통해 망모를 향한 자신의 성적 리비도를 '별'로 표상되는 미적 관념으로 치환하고, 자신의 아니마로 인한 현실과의 충돌을, '상징화의 방어기제'로 대체해 나가는 이상심리를 생산하는 일관된 과정을 보여주고 있다고 하였다.[18] 아이가 '어머니의 그림자'를 누이의 얼굴에서 찾으려 하는 시도는 실패를 전제로 한 것이다. 별만큼 아름다운 존재는 지상에서 찾을 수가 없기 때문이다. 아이의 아니마가 절대적인 미적 관념으로서의 망모상을 구축하고 있음으로 해서 이미지상의 어떤 아름다움으로서도 그것을 대체할 수 없다

---

16 가스통 바슐라르, 정영란 역, 『공기와 꿈』, 민음사, 1993, pp.351-352.

17 김현숙, 앞의 책, p.94

18 양선규, 「황순원 단편소설 연구2」, 『개신어문연구』 제9집, 1992, p.196.

는 것이다. 그 망모상이 별로 이미지화 되고 있다는 것은 그런 의미에서 성공적인 상징화라고 할 수 있다.[19] 별은 언제나 멀리 있어, 잡을 수 없는 비지상적 아름다움을 표상하는 그리움의 대상이기 때문이다.

그래서 누이가 죽었다는 소식을 들은 아이는 무척 슬퍼하며 어두운 하늘에서 아이의 두 눈에 내려온 어머니와 누이라 생각되는 두 별 중 누이의 별만을 내몬다(S20). 아무래도 누이는 어머니와 같은 아름다운 별이 되어서는 안 된다고 생각했기 때문이다.

이 아이에게 있어 어머니와 누이 그리고 별과는 다음처럼 그 변별성이 나타난다.

	어머니	누이	
① 살아 있다	-	+	-
② 보고 싶다	+	-	+
③ 아름답다	+	-	-
④ 별이 되다	+	-	+

여기서 두드러진 변별적 요소는 어머니와 누이가 살아 존재하느냐 존재하지 않느냐 하는 것이다. 같이 살아 존재할 때 어머니와 누이는 완연한 대립을 이루지만, 누이가 어머니와 같이 죽어 존재하지 않을 때에 그것은 그리움의 대상이 되고, 추하게 생긴 누이이긴 하지만 잠시나마 무의식 속에서 별이 되어 대리모로서의 역할을 담당했던 누이의 존

---

19 양선규, 앞의 책, p.197.

재가 어머니처럼 비로소 인정되는 것이다. 죽음으로써 별이 되고 그리워지는 것이다. 그러나 누이는 생시에 현실에서 추하게 생겼고 그것이 아이의 절대적 관념 속에서 존재하는 어머니로 인해 끝내는 별에서 내몰리고 만다.

별은 그만큼 무엇인가 보고 싶은 그리움의 대상이면서 절대적 아름다움의 표상이다. 이것이 곧 텍스트상의 아이의 어머니이기도 하다.

2. 당나귀와 각시인형

여행자가 길을 떠날 때 말을 타고 다녔듯, 말은 여행자의 동반자로 상징되었다. 여행, 이별 또는 여정의 괴로움을 나타내고자 할 때, 말이 작자를 대신하여 등장함은 이에서 기인한다.[20] 이때 말은 작자와 동일시되는 것이다.

말은 또한 전쟁용, 교통용 등으로 긴요하게 쓰여 왔다. 문학 속에서 말이 가지는 상징성 - 사자의 안내자, 마술, 대모신, 헌물, 태양, 왕 생산, 힘, 위엄 등이 다양하게 나타나는 것도 말이 가지는 기능이 다양하기 때문이라 할 수 있다. 그런데 여행이나 이별과 관련해서는 말 대신 당나귀가 등장하기도 한다.[21]

한편 우리 문화는 당나귀에서 유순하고 잘 길드는 동물의 모습을 살필 수 있다. 또 다른 한편으로는 고집불통이며 앙심을 먹은 것으로 확인되기도 한다. 그리고 아폴론이 자기음악보다 목신의 플루트를 더 좋아했기 때문에 미다스왕에게 당나귀의 귀를 만들어 처벌했다는 데에

---

20 이수자, 「말」, 『한국문화 상징사전』, 동아출판사, 1992, p.261.

21 이수자, 앞의 책, p.262.

서 어리석음의 상징으로 생각하기도 한다.[22] 조롱과 학대의 대상으로 혹은 속죄의 희생물로서 우화 속에 등장하기도 하는 것이다.

그런데 텍스트에서 아이는 추하게 생긴 누이가 어머니와 닮지 않았다는 것을 과수노파로부터 확인받고 돌아와 누이가 만들어 준 각시인형을 땅 속에 묻고(S5) 돌아오던 중 당나귀를 못살게 굴다가 다리를 삐고 누이의 보살핌을 뿌리친다(S6). 또 하루는 뒷집 계집애와 누이가 땅따먹기를 하다가 싸우는 것을 보고 예쁜 뒷집 계집애가 이겨야 한다고 생각하고 못 본 체 외면하고 골목어귀에 있는 당나귀에게로 걸어간다(S10). 그리고 시집간 지 얼마 안되는 누이의 부고를 받고 누이의 얼굴이 생각나지 않아 인형을 찾았으나 분간할 수 없어(S18) 누이를 생각하며 당나귀를 타고 일부러 떨어져 보았으나 다리를 다치지 않았다(S19).

이 부분은 이미 여러 분석 수용자 간의 의사소통이 있어 왔다.

임관수는 '어머니 원형'의 작품으로 「별」을 분석하면서 아이의 피투사체 탐구 과정을 자세히 분석하고 '나귀'가 일반적으로 도움을 주는 모든 동물이라는 차원에서 어머니의 상징으로 볼 수 있음을 주장하였다.[23] 이어서 작품 속에 등장하는 상징물들을 분석, 상징을 통해 원형적 형상이 만다라(mandala)적 완성의 추구라는 의미를 드러냄과 아이의 의식이 '무의식적으로 그가 만나는 모든 여성에게서 그의 어머니를 찾는 단계'를 어떻게 겪어 내는지를 설명하였다.

그리고 김용희는 「별」이라는 소설이 '의식이 분리되는 지하공간'이라고 전제하고 '나귀의 양의성'이라는 독립된 장에서 나귀가 사내아이의

---

22 이지지, 올리비에리, 스크트릭 공저, 장영수 역, 『문학의 상징·주제사전』, 청하, 1990, p.114.
23 임관수, 「황순원 작품에 나타난 자기실현문제」, 충남대 석사학위논문, 1983, pp.25-30.

분신으로서, 미숙한 상태인 사내아이의 무의식의 폭발상태를 표상하는 것임을 지적하였다.[24]

또 양선규는 「별」의 인물유형을 외디푸스 신화의 그것에 대입하여 사내아이/외디푸스, 누이/이오카스타, 각시인형/안티고네(혹은 폴리네이케스), 과수노파/델피신전의 무녀(여사제), 당나귀/스핑크스, 의붓어머니/크레온 등과 같이 도식화하고 '당나귀'는 아이가 자신의 심리저층에서 '스스로의 악마적 표상'이라고 인식하는, 말하자면 가학적 본능의 대상이며 그 자체가 되는 우회적 표상임을 인지해야 한다고 설명하였다.[25] 그리고 동시에 그것이 어머니의 상징이며, 그래서 근원적인 근친혼의 금기와 관련될 수 있는, 상호 모순적인 관념의 화해로운 공존이 가능한 마력적 공간이라는 사실이 망각되어서는 안 된다고 하였다.

이렇게 임관수, 김용희, 양선규의 상징 분석적 작품 수용은 그 자체로 일관성이 있는 체계를 갖는 장점을 안고 있지만, 본고는 이들과 약간의 시각을 달리하고자 한다.

어떤 문화 속에서 그에게 부여한 나쁜 모습을 사람들이 강조하는 것은 아마도 잘 못 된 것인 것 같다……. 나귀에 있어서의 변형은 평범한 자기만족의 개인을 끌어내게 하기 위한 우수한 본질, 승화된 개성을 재발견하게 하기 위한 비경의 필수적 단계인 것이다.[26]

---

24 김용희, 『현대소설에 나타난 '길'의 상징성』, 정음사, 1986, p.26 이하.

25 양선규, 앞의 책, p.115.

26 아지자, 올리비에리, 스크트릭 공저, 앞의 책, p.115.

본고는 이러한 견해와 앞에서 논의된 나귀의 일반적 상징에 힘입어 본 텍스트 상의 당나귀를 아이의 인생 여정에 있어서의 하나의 동반자[27]로 보고자 한다. 다시 말하면 S6의 당나귀는 아이와 같은 역동적인 철부지의 무지와 혼돈의 유년적 모습이라면, S10은 유년에서 성장해 가는 과도기적 단계의 과정이고, S19는 좀 더 성숙된 한 인격적 객체로서 홀로서기 하는 모습이라 할 수 있다. S6, S10, S19의 이행은 아이의 자아가 원초적인 전체성을 떠나 한 인격적 객체로서의 자율성을 성취하려는 성숙된 단계로서의 이행을 표징하는 것으로 보아야 할 것이다. 즉 삶과 죽음, 어머니와 나, 그리고 누이와 어머니의 미분화된 유아기적 초기 증상에서 이들을 하나씩 분리하며 자기객관화 단계[28]로 성장해 가는 인생 여정을 보여 주는 것이라 하겠다.

한편, 아이가 당나귀에 접근(S6, S19)하여 자신의 모습을 찾기 이전에는 항시 각시인형과의 관계(S5, S18)가 먼저 있어 왔음을 간과할 수가 없다.

아이는 인형을 꺼내 들었다. 그러나 지금 아이는 이 인형의 여태까지 그렇게 이쁘던 얼굴이 누이의 얼굴이나처럼 미워짐을 어쩔 수 없었다. 곧 아이는 인형을 내다버려야 한다는 걸 느꼈다. 그걸 품에 품고 밖으로 나섰다. 저녁 그늘이 내린 과수노파가 사는 골목을 얼마 들어가다 아이는 주위에 사람 없는 것을 살피고 나서 주머니에서 칼을 꺼

---

27 이것은 아이의 자아분신, 즉 아이의 또 다른 모습의 하나라 할 수 있는 그림자적 존재로 보는 것이다.

28 E. K. 로쓰, 김인자 역, 『죽음에 대한 심리적 이해』, 1984, p.129. 남미영, 앞의 책, p.50에서 재인용. 발달심리학자들은 인간의 성장 과정을 첫째, 흥미확대의 과정(자아확장의 과정), 둘째, 이탈과 통찰의 과정(자기객관화의 과정), 셋째, 통합화의 과정(자기 통합화)으로 나눈다.

냈다. 칼끝으로 땅을 파가지고 거기에다 품속의 인형을 묻었다. 그리고는 그곳을 떠났다. 인형인가 누이인가 분간 못할 서로 얽힌 손들이 매달리는 것 같음을 아이는 느꼈다. 그러나 아이는 어머니와 다른 그 손들을 쉽사리 뿌리칠 수 있었다.[29]

양선규는 각시인형을 누이이면서 동시에 별의 지상적 대치물로서 망모상의 의미를 지닐 수도 있다고 보고 '빛과 어둠을 표상하는 자매신(이난다와 에레수키갈)의 두 얼굴의 한 여신' 이라는 신화적 의미로 해석하려는 견해를 보였다.[30] 그러나 본고는 여기서의 각시인형을 어머니로 보는 점에 대하여 수정을 가하여야 한다고 본다.

어머니는 이미 앞에서 논의한 바와 같이 아이의 절대적 관념 속에 살아 있는 절대미를 지닌 존재이며 별로 표상되는 천상적 이미지라는 점이고, 여기서의 각시인형은 아이조차도 인형인가 누이인가 분간하기 어려울 정도로 누이와, 누이가 만들어 준 각시인형이 동일시되고 있고, 누이에 대한 거부로 인형을 땅 속에 묻었다가 다시 누이가 죽고 나서는 누이에 대한 생각으로 땅 속을 파고 인형을 찾아보지만 그때는 이미 썩어 있었다. 아이에 있어 어머니는 고정 불변한 절대적 관념이고 어두울수록 빛을 발하는 별인데 반해, 누이는 어머니와 상대적인 현실적 존재이고 아이의 사고의 변이에 따라 그 존재 의미도 달라지는 그래서 땅 속에서 썩어 없어지는 지극히 지상적인 존재이다. 땅 속에 묻었음은 곧 각시인형이 어머니가 아닌 누이의 대리물로서 변질되고 상대적인 지

---

29 『황순원 전집1』, 문학과 지성사, 1992, p.164-165.

30 양선규, 「황순원 단편소설연구II」, 『개선어문연구』 제9집, 1992, p.199.

상적 이미지의 표상이라 할 수 있다.

그런 의미에서 누이와 뒷집 계집애가 서로 싸우는 것을 외면하고 당나귀에게로 걸어가는 S10은 당나귀에게 접근하기 이전 각시인형과의 관계가 먼저 있어 왔던 S6, S19와 맥을 같이 한다.

각시인형은 곧 누이의 표상인 까닭이다. 그리고 각시인형에서 당나귀로 다시 말해 인생 여정의 동반자인 또 다른 나로의 이행은 자기객관화의 단계를 여실히 보여 주고 있는 것이고, 별로 표상되는 어머니의 천상적 이미지에 대치되는 지점에 이들이 자리하면서 아이의 의식이 성장해 가고 있는 것이다.

IV. 작중인물 분석

작품의 인물의 유형화와 더불어 이 인물들이 작중에서 어떤 성격적 양상을 나타내느냐 하는 것은 많은 분석 수용자들로부터 관심의 대상이 되었듯이 대다수의 작품에서 작중인물은 한 인간의 내면세계와 전체적 형상뿐만 아니라 그 소설의 특성까지 규정짓는 통일된 속성으로 남아 있으며 인물 연구를 통해 우리는 보다 폭넓고 정확한 소설의 이해에 이를 수 있을 것이다.[31]

그러한 의미에서 황순원의 「별」은 사실 S1에서 과수노파의 얘기를 듣고 나서부터 아이의 변화된 심사로 인해 누이와 겪게 되는 갈등구조

---

31 김종회, 「황순원 소설의 작중인물 연구」, 『한국소설의 낙원의식 연구』, 문학아카데미, 1990, p.209.

라 할 수 있다. 내포독자[32]는 여기에서 만약 아이가 S1에서의 과수노파의 말을 듣지 않았다면 어떻게 되었을까? 그리고 누이와 돌아간 어머니가 닮았다는 얘기를 들었다손 치더라도 누이가 정말로 예뻤다면 어떠했을까? 또 생모가 일찍 죽지 않고 살아 있으면서 누이와 어머니가 그렇게 추하게 생겼더라면 아이는 어떠했을까? 하는 등의 상상을 하지 않을 수 없다.

이러한 물음의 대답들이 작중인물의 미의식을 가름하는 중요한 요소가 되며 여러 가능성을 상정해볼 수 있기 때문이다. 특히 S1의 과수노파의 말로 모든 사건의 발단을 이루며 S3에서 '처음으로' 누이를 미워하기 시작하여 소설 전반으로 확대되며 소설의 기저를 이룬다는 면에서 위의 의문들은 그 시사하는 바가 크다. S1 이후 아이의 망모에 대한 미화와 집착, 미화된 어머니의 이미지를 깨뜨리는 누이에 대한 혐오심, 그리고 그를 통해 깨닫는 미추의식의 각성, 혐오의 대상이 보여주는 호의에 대한 반발 등 인간심리의 델리커시가 포착[33]되고 있다. 그러나 S1으로 인한 S3 이전에 누이는 적어도 아이에게 인형을 만들어 주고(S5), 다치면 보살펴 주며(S6), 재미있게 놀아 주고(S8), 옥수수 간식을 주는(S8) 등 정이 넘쳐흐르고 미추가 미분화된 상태에서 미에 더 가까워 있었음을 짐작할 수 있다. 누이가 아주 추해서 혐오감을 줄 정도이었다면 이미 그것은 미추가 미분화된 카오스적 상태가 아닌 미추가 확연히 분리된 상태이고 추에 더 가까이 있었을 것이기 때문이다.

---

32 차봉희, 『수용미학』, 문학과 지성사, 1985, p.77. 독자의 형태, 역할이 미리 결정지어져 있지 않고 텍스트의 구조에 얽혀 짜여 생겨 날 수 있는 '연루된 독자', 즉 텍스트 구조의 방향 제시에 따라 생겨나게 될 독자를 말한다.

33 유종호, 『한국인과 문학사상』, 일조각, 1964, p.55.

그런데 S3 이후부터는 아이의 미추의식에 대한 각성이 있으면서 누이에 대한 미의식이 추 쪽으로 선회하고, 아이에 대한 누이의 변함없는 정과는 달리 아이는 누이에 대하여 정이 가지 않는 미움의 감정으로 전환되고 있다. 물론 아이에게는 누이에 대한 연민과 미움의 감정이 동시에 양가성을 띠며 존재하지만 결국에는 누이의 추함으로 인해 아니, 어머니의 절대적 미에 의해 미움을 택하고 그러한 감정이 하나의 성격으로 내면화되어 자리하게 된다.

이렇게 독자에게 보이는 누이에 대한 아이의 입장을 정리해 보면 S1 이전까지는 의좋은 오누이가 S1으로 인하여 S3 이후 누이가 아주 혐오스런 존재로 변하였다가 S20에서 누이가 죽음으로써 누이가 생각나고 누이가 만들어준 인형을 되찾음은 누이가 그리워짐이고 정이 다시 회복됨을 의미하며, 별이 되었다함은 미를 갖추게 되었음을 뜻한다. S20에서 S1 이전의 상태로 누이에 대한 감정이 다시 회복됨을 볼 수 있다.

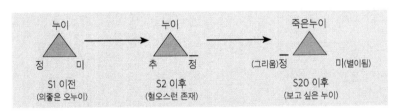

이 같은 현상은 다음과 같이 그레마스의 기호사각형[34]과 접맥시켜

---

34 의미작용의 기본적 구조로 불리는 이 형태는 대립과 계층의 관계로부터 차이점의 분절과 관계의 망을 고려한 논리적인 모델로 도식화하면 다음과 같다.

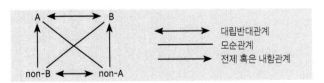

모형화할 수 있다.

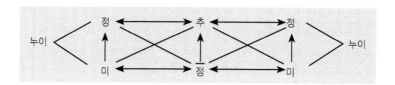

미와 추는 누이에 대해 정이 가고 정이 안감(정)과 서로 대립관계에 놓이고, 미와 정, 추와 정은 서로 내함관계를 형성하며, 미와 추, 정과 정은 모순관계를 유지한다.

그리고 아이의 마음속에서 절대적 관념적인 미로 자리하는 어머니상은 누이와 아이와의 정상적인 오누이 관계를 방해하는 방해자로 등장함을 볼 수 있다.[35] 아이와 미화된 어머니의 이미지가 유지하는 일종의 관계를 기본 축으로 하여 누이는 '추'로서 방해자의 역할을 맡고 있다는 시각과 달리, 본고는 소설의 기본 축을 아이와 어머니의 관계에서 아이와 누이의 관계로 보고, 관념화된 미로서의 어머니는 현실적 애정 관계라 할 수 있는 아이와 누이의 화해로운 관계를 방해하는 방해자로 보는 것이다.

별로 표상되는 어머니는 존재하지 않는 아름다움을 간직한 관념적 존재인데 반해 지상적 이미지의 각시인형으로 표상되는 누이는 현실적 모정관계가 이루어지는 삶의 한 현실이고 추함을 간직하면서 어머니의 미적 환상과 서로 대립적인 위치에 놓여 있음을 독자는 감지할 수 있는 것이다.

---

35 양선규, 「어린 외디푸스의 고뇌: 황순원의 '별'에 관하여」, 『문학과 언어』 제9집, 1988, p.108.

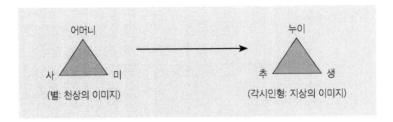

어머니는 일찍 죽어 아이의 기억에조차 없는 존재로서 저 멀리 피안의 세계 저쪽에 존재하면서 어두운 밤에만 아름답게 그 빛을 발하는 별과도 같은 존재인데 반하여, 누이는 아이의 곁에서 대리모 역할을 하며(S6, S7, S8, S14), 현실에서 애정을 다하지만 아이는 누이라는 존재의 추함을 인식하면서 그 이전까지 아무런 거부감 없이 받아들였던 가족관계를 비롯한 누이와의 모든 것을 거절하기 시작한다.

아이의 어머니와 누이에 대한 이 같은 의식을 바탕으로 하여 그레마스의 기호사각형에 접맥시켜 도형화하면 다음과 같다.

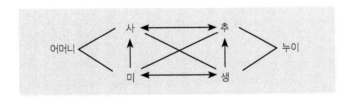

어머니에 대한 미는 누이에 대한 추와, 어머니의 사는 누이의 생과 서로 모순관계에 놓이고, 이들의 사와 추, 미와 생은 서로 대립관계를 형성하며, 미와 생은 각각 사와 추에 서로 내함관계에 놓인다.

이같이 추상화된 아이의 미의식은 S11에서도 느낄 수도 있고 이를 모형화하면

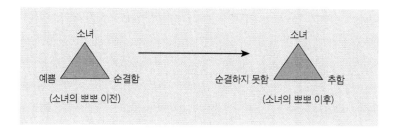

(소녀의 뽀뽀 이전)　　　　(소녀의 뽀뽀 이후)

마찬가지로 이를 다시 그레마스의 기호사각형에 접맥시켜 다음과 같이 모형화할 수 있다.

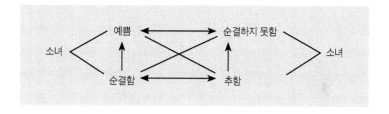

같은 선상에서 S13과 S15를 통해 누이의 미의식도 모형화하여 살필 수 있다. S13에서 누이가 좋아하던 동무의 오빠는 '호리호리한 키에 흰 얼굴'을 한 청년이었던 반면에 S15에서 부모의 성화에 못 이겨 마지못해 결혼하게 된 실업가 막내아들은 '작달만한 키에 검푸른 얼굴'을 하고 있었다.

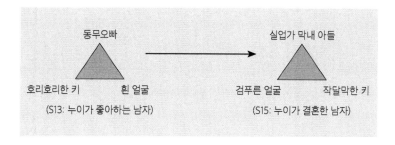

(S13: 누이가 좋아하는 남자)　　　　(S15: 누이가 결혼한 남자)

동무 오빠는 누이가 좋아하는 미의식이 반영된 것이라면 실업가 막내아들은 누이의 의사와는 거리가 먼 선택이었고 그런 이유로 누이는 S17과 같은 변고를 겪었는지도 모른다.

이를 다시 그레마스의 기호사각형과 접맥시켜 보면 동무오빠의 '흰 얼굴'은 '호리호리한 키'와 내함 관계를 이루며 '흰 얼굴'은 실업자 막내아들의 '검푸른 얼굴'과 모순된다. 그리고 '흰 얼굴'은 실업가 막내아들의 '작달만한 키'와 대립관계를 형성한다.

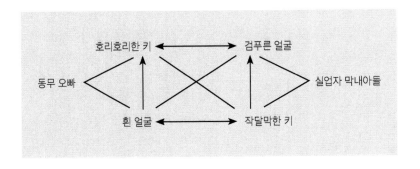

이렇게 보면 아이는 순결과 같이 보이지 않는 추상적이고 관념적이면서도 절대적인 아름다움을 추구하고 있음을 엿볼 수 있다. 또 아이에 의해 아이와 누이는 서로 양극적 요소에 놓이면서도 다 같이 미를 추구하고 있다는 점에서 공통분모가 유출되고, 서로간의 가치기준이 다름을 또한 살필 수 있었다. 아이와 누이의 또 다른 층위에서 서로 대립하는 모습이라 할 수 있다.

꿈꿔봐, 눈 맞춰봐, 정말 보여!

V. 맺음말

문학작품의 올바른 이해는 다양한 연구 방법의 적용과 다양한 층위에서의 평가가 독자의 참다운 독서행위를 통해서 완성되어야 한다는 문학작품의 이해에 근거하여 황순원의 「별」의 구조를 독자 중심적인 면에서 재구성하여 보고, 주제를 구축하고 있는 중요 모티프를 상징적으로 분석한 후 작중인물을 그레마스의 기호론을 부분적으로 수용하면서 분석 고찰하였다.

그 결과 지금까지 논의된 바를 요약하면 다음과 같다.

먼저 아홉 개의 에피소드와 20개의 유의미적 단락으로 나누어지는 텍스트를 재구성하면 아홉 개의 에피소드는 ①과 ②~⑧ 그리고 ⑨로 3분절되며, ①과 ⑨는 내용을 강화시켜 주는 동위소 역할을 담당하고 있다. 그리고 S1은 S3의 인식을 갖게 하고, S3은 S5, S6의 원인을 제공하면서 ② S7에서 ⑧ S14까지 이어지고, 이들은 모두 아이와 누이가 양극적 요소에 자리하고 제3의 매개항을 갖는 3원적 구조를 형성함으로써 3원적 구조의 반복과 변이의 구조적 양상을 띠고 있다. 또한 ②~⑧의 상호 텍스트성을 통해 「누이 → (옆집 애) → 뒷집 계집애 → 소녀 → (어머니)」라는 아이의 미의식과 「(실업자 막내아들) → 아버지 → 아이 → 동무 오빠」라는 누이의 미의식도 엿볼 수 있다.

황순원 「별」의 주제를 구축하고 통일감을 주는데 중요한 단위 구실을 하는 모티프로는 '별'과 '당나귀', '각시인형' 등이 있는데, 별은 텍스트상 죽은 어머니의 표상으로 무언가 보고 싶은 그리움의 대상이면서 절대적 아름다움을 나타내는 천상적 이미지로 어둠 속에서 빛을 발하고 있고, 당나귀는 아이의 인생 여정에 있어서의 동반자 즉 아이의 또다른 '나'의 표상으로 미분화된 전체성의 유아기적 초기 중상에서 자기 객관화 단계로 성장해 가는 모습의 일면이라 할 수 있으며, 각시인형은 아이조차도 인형인가 누이인가 분간하기 어려울 정도로 누이와 동일시되는 누이의 표상으로 아이의 사고에 따라 그 존재 의미가 달라지는 지상적 이미지로 어머니의 표상인 별이 대치하는 지점에 자리하며 아이의 또 다른 모습인 당나귀와의 접근에 선행됨을 알 수 있다.

그리고, 황순원 「별」에 등장하는 작중인물의 미의식과 성격적 양상을 정리해보면, 아이는 누이에 대해 연민과 미움의 양가성을 띠면서 일찍 죽은 어머니를 집착하여 추상적이고 관념적인 아름다움을 추구하고 있는 반면에 누이는 현존하는 실제에서 그 아름다움을 추구하는 미의식을 가지고 있다. 아이의 그러한 양가성은 누이가 죽었을 때와 죽지 않았을 때에 그의 태도 변화에서 잘 나타나 있다. 그리고 이들의 생과 사, 미와 추 등의 관점을 내함과 모순, 대립관계 등으로 도식화하여 또 다른 층위에서 작중인물을 살펴볼 수 있다.

본고가 본래 추구하고자 했던 문학 연구 방법이 그 적용 면에서 다소 미흡하고 부족한 것은 필자의 능력의 한계에 기인한 것이며 이는 계속 보완·보충해 나갈 것이다. 텍스트의 미확정성을 계속적으로 찾아 메우고 다른 분석 수용자들과 충분한 문학적 소통을 통하며, 기호학을 비롯한 여러 문학 연구 방법으로 다각적이고 총체적인 참된 이해와 옹골진 분석과 해석이 앞으로 뒤따라야 할 것이다.

- 황순원학회 편, 『황순원 연구 총서 6』, 국학자료원, 2013.

PART 5 [인터뷰]

열린
마음으로

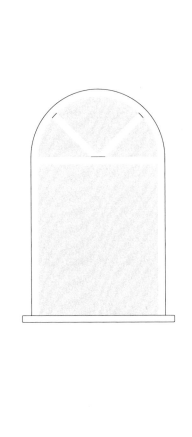

부드러움과 강함을
가르치는 선생님

늘 학기가 끝날 즈음에 원고가 밀리는 낭패감을 경험한다. 하는 것 없이 해놓은 것 없이 생활에 쫓겨 다니는 듯해서 학기 말 정리가 개운치 못하다. 게다가 갑자기 학교 교수인 한 분이 유명을 달하는 애상(哀喪)이 생겨 학기 말 분위기가 눅눅해진 가운데 방경태 선생님과 가져야할 인터뷰는 쉽게 추임새를 다잡지 못한 채 밍거적 거리게 되었다. 원고 기한을 여남일 앞두고서야 서둘러 선생님이 계신 새일고등학교(교장: 여정현[呂鼎鉉])로 출발한다. 호랑이 장가간다는 날씨를 잠깐 사이에 두어 번 만났으니 그야말로 장마철이다. 길섶에 때 이르게 피어있는 코스모스는 계절을 너무 앞질러 간다. 학교 등나무 밑에서 이런저런 방담으로 시간 가는 줄 모르게 나누었던 이야기를 새삼 줄가리 나눠본다.(편집자 주)

선생님께서는 지난해 박사학위를 우리 학교에서 받으신 걸로 압니다. 학부부터 그 동안 꽤 오랫동안 학교와 연을 맺고 계신데 얼마나 되었지요?

개교하던 다음 해인 1982년에 국어국문학과에 입학하여 86년도에 졸업을 하고, 그 후 석사과정을 거쳐서 2003년 8월에 박사학위를 받기까지 무려 22년간을 다닌 셈입니다.

선생님께서는 졸업하자마자 서울에서 교직의 길을 시작하신 줄로 압니다. 언제부터 시작하셨으며, 지금 있는 학교에는 언제부터 근무를 하게 되셨는지요?

1986년 1월에 실시되었던 '사립중등학교 교사 신규 임용후보자 전형'에 합격을 해서 서울에 있는 산업체 학교인 한강실업학교에서 1986년 8월부터 1990년 2월까지(3년 6개월간) 근무하였습니다. 그리고 현재 근무하고 있는 새일고등학교에는 1990년 3월에 부임하여 2004년 6월 현재에 이르고 있습니다. 벌써 교직과 인연을 맺은 지 19년이 다 되어 가는군요. 세월이 참 빠르다는 생각을 합니다.

금년 스승의 날에 아주 큰 상을 수상하셨는데, 수상하신 상은 무슨 상이고 상의 성격은 무언가요?

'제23회 스승의 날' 기념 정부포상에서 교과지도 우수자 부문 부총리 겸 교육인적자원부장관 표창을 받았습니다. 이는 앞으로 더 열심히 생활하면서 참되고 바르게 학생들의 생활 지도 및 교과지도에 남다른 애정을 가지고 일하라는 격려로 생각합니다. 이를 계기로 더욱 올곧게 사도의 길을 걷도록 노력하겠습니다.

지금 학교에서 담임 외에 맡고 계신 다른 업무가 있는지요?

교직 사무분장 중에서 3D의 하나라 할 수 있는 교지 관련 업무를 맡은 지 14년여가 되고 있습니다. 대전교육과학연구원 교수학습지원센터 사이버상담위원(2003년 5월부터 2004년 6월 현재까지)으로 활동하고, 교육의 질적 향상과 공교육의 신뢰 회복 및 사교육비 절감을 위해 노력하고 있는 점을 높이 인정받아 우수 상담위원으로 선정되기도 하였습니다. 2003학년도 교수-학습 방법 개선에 노력한 공로로 대전광역시교육감 표창(2004년 1월)을 수상한 바 있습니다.

이밖에도 교육부장관 위촉, 교육인적자원부 월간지 《교육마당21》 현장 명예기자, '학교신문·교지 콘테스트' 심사위원(대전광역시교육청), 2001 통일안보 자료집 《통일 노래 : 민들레 꽃시처럼》 편집위원(대전광역시교육청), 새일고등학교 제4기 학교운영위원회교원위원 등을 역임한 바 있습니다. 금년 3월부터는 새일독서교육연구회를 결성 회장으로 활동하면서 대전교육과학연구원으로부터 연구비를 받아 〈자기 주도적 독서인증제 프로그램 구안을 통한 학교 도서관 활용 활성화 방안 연구〉를 추진하고 있습니다.

지금 학교의 특성이 있다면 몇 가지 소개를 해주세요.

새일고등학교는 1986년에 '애국애족(愛國愛族), 인화단결(人和團結), 학력제고(學力提高), 근검절약(勤儉節約)'을 건학이념으로 「힘껏, 바르게, 쓸모 있게」를 교훈으로 창의성을 갖춘 사람다운 품성을 함양한 인재를 양성하는 데 심혈을 기울이고 있습니다. 현재는 7차일반 보통과 학생과 인터넷과학과가 함께 공존하고, 남녀 1,200여 명 학생이 함께 공부하는 다양성과 조화로움을 추구하는 대전 유일의 21C형 사립 명문학교로 발돋움하고 있습니다.

학교의 자랑거리는 수없이 많은데 그 가운데 대표적인 것을 소개해보면 최근의 전국대회에서 12개의 메달을 휩쓴 역도와 국가대표를 양성하고 있는 '세팍타크로부'를 비롯하여, 전국 백일장에서 입상을 휩쓸어 미래 작가의 산실이라 할 수 있는 '금강문예창작동아리', 대전시로부터 전통 한밭웃다리 노악 전수학교로 지정되어 대전을 대표하여 전국 청소년풍물경연대회에서 해마다 좋은 성적을 거두고 있는 '새일사물놀이패', 1990년대부터 전국교지콘테스트에서 매번 우수상을 입상한 '신문교지편집반' 등이 있습니다.

이 가운데서도 빼놓을 수 없는 것은 총학생회 자치활동입니다. 이들은 1990년부터 학생권익 찾아주기와 토론 문화를 활성화시켰으며, 총학생회의 교무회의 참석 및 학생축제 활성화에 힘써 교육부로부터 우수학교로 지정되기도 하였습니다.

학생들에게 특별히 신경을 쓰는 선생님만의 교육지표가 있다면?

"자신의 목표를 세운 다음 매사에 성실하고 열정적으로 실천하자. 우리는 젊고, 우리에게는 희망이 있음을 항상 잊지 말자. 꿈꾸는 자만이 이룬다"입니다.

평소 모교 발전에 대한 애착이 아주 강한 선생님으로 소문이 자자한데, 교직을 이수하고 있는 모교의 후배들에게 당부의 말씀을 하자면?

저 말고도 다른 선배님들이 더 많은 애정을 갖고 있는 것으로 알고 있습니다. 단지 기회다 닿는 데로 우리 학교가 좀 더 좋은 방향으로 나아갔으면 하는 이런저런 생각을 늘어놓기만 합니다. 학교 밖에서 바라보는 일종의 안타까운 마음인데, 그래서 저부터 더 노력하려고 합니다. 앞으로 후배들한테는 자랑스러운 선배, 은사님들한테는 사랑받는 제자, 학교에서는 꼭 필요한 대전대인이 되고 싶습니다. 이를 위해 스스로의 역량을 강화하여 바르고 건강한 지도자적 역량과 자질을 갖추도록 최선의 노력을 다하고자 합니다.

　선생님을 만나기 전에 교장 선생님을 뵙고 인사를 드렸다. 대개는 수인사로 끝나는 것이 상례인데 여정현 교장 선생님은 새일고등학교의 교명 유래며, 인터뷰 당사자인 방경태 선생님과 관련된 자랑을 다 말씀해주시는 바람에 굳이 인터뷰가 필요 없을 정도였다.

　기념사진 촬영차 교실에 들어가는 순간 학생들의 환호 소리에 쓰러지는 줄 알았다. 30여 명 학생들이 일시에 방 선생님을 향한 환호 소리는 그동안 어느 학교에서도 보지 못한 광경이라 내심 놀랐다. 부담임이시라 학생들과의 그다지 많은 접촉이 없었을 텐데도 학생들의 인기는 대단하였다.

　학생들에 대한 가르침이 어디에 있는가를 반증해주는 것이라 생각되었다. 그것은 한유(韓愈)의 '무귀무천(無貴無賤) 무장무소(無長無少) 사지소재(師之所在)'(사설[師說])에 있는 것이 아닌가 싶다.

　인터뷰를 하는 동안 내내 방 선생님은 여러모로 참 욕심도 많다는 생각을 갖게 해줬다. 학교 등나무 밑에서 학과 선후배가 나누는 이런저런 이야기 속에 오후 한나절이 훌쩍 다 지나가 버렸다.

　퇴근하시는 교장 선생님께서 보시고 '학교에 대한 애정이 아주 남다르지요'라며 씽긋하고 웃음 지으신다. 아마도 교장 선생님께서도 방 선생님의 내심 속내를 이미 다 읽고 있다는 투다.

　한편, 우리들 마음속에 언제든지 살갑게 다가설 수 있는 선생님은 과연 몇 분이나 자리 잡고 있는지 생각하게 된다.

- 최예열(국어국문학 강사), 대전대학교 《혜화문화》 제26호 2004.8.

열린 마음으로 생각하고 행동하되 원칙은 꼭 지키는 교사

대전이문고등학교에서 국어 교사로 재직 중인 방경태 선배를 만나고 온 지난 11일은 폭설이 내리고 얼마 지나지 않은 때였다. 마침 이문고 운동장은 하얀 도화지를 펼쳐 놓은 듯 바닥이 온통 흰색이었는데 그의 말끔한 차림새와 시원시원한 말투에서 풍겼던 첫인상 또한 눈 색깔처럼 꾸밈없고 솔직한 흰색을 연상케 했다.

어릴 적 선생님에 대한 단상

초등학교 4학년 때 학급에서 《새벽종》이라는 문집을 냈다고 한다. 그는 문집에 자신의 글이 실리기를 소원하며 문집이 나올 즈음엔 수업이 끝나고서도 집에 안 가고 남아 선생님 근처를 뱅뱅 돌았지만 한 번도 실린 적은 없었단다. 그때 만약 선생님께서 한 번만이라도 글을 실어주었더라면 지금쯤 자신은 시인이 되었을지도 모를 일이라며 교사의 역할이 얼마나 중요한지를 강조했다. 물론 선생님을 원망하여 한 말이 아니었다. 재능이 떨어지는 학생이더라도 선생님의 칭찬 한마디로 그 학생은 더욱 노력하고 발전할 수 있다는, 경험을 통해 얻은 깨달음에 대한 고백이었을 것이다.

선생님으로서 자신의 모습은 만족스러운가?

어릴 적 경험담을 듣고 나니 자연스럽게 선생님이 된 현재 자신의 모습을 평가한다면 어떨까 궁금해졌다. 그는 선뜻 대답하지 못했다. 아직 더 나은 수업을 위하여 고민하고 노력해야 할 처리라고 생각해서 그런 것 같다. 대신 그는 '수업 잘하는 선생님'으로 오래도록 남고 싶다는 소신을 내비쳤다. "학생들이 참여하는 재미있는 수업, 교사의 코치에 의해 학생 스스로 핵심 내용을 찾고 정리할 수 있는 수업"을 매일 펼쳐 보이는 것이 그의 희망이다. 그래서 그는 많은 연수를 했고, 지속적인 연구 활동을 전개하고 있다. 그러나 교직 20년이 지난 지금도 막상 수업에 임하면 그것들이 아직 잘 안 된다고, 꼭 풀어야 할 과제라고 솔직한 속내를 털어놓았다.

그의 모습에서 학생의 입장에서 생각하고 그들이 원하는 것을 주기 위해 노력하는 교사로서의 진정성이 느껴졌다.

선생님을 장래희망으로 삼는 학생이 많은 현실에 대해

고등학교 교사에게 입시지도는 빼놓을 수 없는 일이다. 그에게 입시지도 노하우가 있는지 물어보았다. 요즘엔 전문화된 통계 자료가 많아서 학생들에게 객관적인 정보를 제공해줄 수 있어 다행이라 했다. 혹여 학생이 적성과 무관한 대학과 전공을 선택하다 할지라도 그는 일단 학생의 선택을 존중해주어야 한다며 교사의 역할은 학생의 진로를 확정해주는 것이 아니라 학생이 현명한 선택을 내리게끔 최대한 도와주는 것이라고 명료하게 말했다.

요즘엔 성적이 상위권에 속하는 문과 여학생들의 대다수가 교대에 들어가기를 희망하는데, 이 또한 적성보다는 현실적인 이점 때문에 그러한 것이겠지만 역시 학생의 결정을 존중해주어야 한다는 것이다. 교사가 학생의 인생을 책임져줄 수는 없기 때문이란다. 처음엔 그가 원칙에만 충실하여 다소 인간미가 떨어지는 것처럼 보였지만 다시 생각해보니 교사의 본분은 그의 말이 정도(正度)일지도 모른다는 생각이 들었다.

인터뷰를 마치고

국문과 학창시절, 그는 술도 잘 못 마시고 변변한 연애도 한 번 제대로 못한 쑥맥이었다고 한다. 진솔하고 유쾌한 교사인 현재 모습만 보면 과거가 잘 상상이 안 되었다. 어찌 됐든 현재 그는 소신이 분명했고, 원칙은 지키되 사고와 행동에 있어 항상 마음을 열어둘 줄 아는 '교사로서의 미덕을 지닌, 교직이 천직인 사람에는 틀림이 없었다.

- 김지수 기자, 대전대학교 혜화문화 제35호, 2010.2.

교사 자긍심이 학교 바꾼다

- 변화 또 변화, 대전이문고 방경태 교사

학생은 국가의 미래다. 학교 교육이 튼실해야 인재들이 구김살 없이 자란다. 학교가 무너졌다는 일부 우려도 있지만 열정적으로 제자들을 가르치는 선생님이 많다. 입시가 복잡해 학생과 학부모들이 학원에 매달리지만 "우리가 할 수 있다"며 묵묵히 학교 경쟁력을 살찌우는 교사들, 리더십으로 변화를 이끄는 교장들이 그 주인공이다. 학부모들도 선생님과 함께 고민하며 교실을 바꿔놓고 있다. "나는 교사고, 교장이고, 학부모다"라고 외치며 학교에 희망을 불어넣는 이들을 만났다.　　　　　〈교육팀〉

부단한 자기 계발과 변화의 노력도 빼놓을 수 없다. 대전 이문고 방경태(49) 교사는 책으로만 하는 공부 방식에서 벗어나 학생들이 다양한 체험학습을 할 수 있도록 하는 방안을 연구했다. 이 학교에서는 방 교사 주도로 30여 개 동아리가 활동 중이다. 학생들은 주제를 골라 체험활동을 하고 탐구보고서를 작성한다. 역사체험 동아리라면 관혼상제·성인식·혼례 등을 직접 체험하는 식이다. 방 교사는 "유언을 쓰고 관에 들어가는 임종 체험을 진행했는데, 사춘기인 학생들이 대부분 눈물을 흘리면서 앞으로의 삶을 생각해 보더라"며 "교사들이 성의를 갖고 연구하면 아이들이 가슴으로 느끼며 의미 있는 답을 찾게 해줄 수 있다"고 말했다.

- 《중앙일보》 2011.11.21. 5면

학생들의 숨은 능력 발견

- 이문펜 이끄는 방경태 지도교사 인터뷰

방경태 선생님은 동아리 활동을 하면서 무엇보다 자신이 변했다. 아이들을 더 많이 믿게 된 것이다. 교실 밖에서 오히려 더 눈에 띄는 학생들의 새로운 면모와 큰일도 책임감 있게 완수하려는 노력들을 보면서 더 많은 기회와 신뢰를 주리라 다짐했다.

활동 내용이 참 다양합니다. 1인 1책 갖기란 목적도 분명하고요. 어떻게 기획하셨나요?

독서동아리, 교지 동아리를 오랫동안 운영해 오면서 노하우가 생겼죠. 응용할 수 있었어요. 이를테면 카핀 아카데미에서 하는 임종체험 같은 건 아이들에게 인생의 전환점 같은 거예요. 가족이나 생명에 대해 생각해보는 기회를 줍니다. 생애주기 체험이나 관혼상제도 아이들이 살아온 인생이나 앞으로의 인생에 대한 로드맵을 그릴 수 있게 해줘요. 인생의 의미를 짚어보고 동심원을 그리듯이 꿈에 다가갈 수 있다고 봐요. 이런 활동들이 충분한 계기 교육이 될 수 있죠.

동아리 활동을 하면서 느끼는 점이 있으시다면?

창의적 인재, 융합인재라는 말들을 많이 하지만 동아리 활동을 학생들이 중심이 되는 활동이 되도록 해 줘야 합니다. 학생들과 함께 밖에서 활동을 하다가 보면 의외로 활동적이고 리더십을 발휘하는 학생들이 많아요. 교실에서는 볼 수 없는 모습들이지요. 창의체험교육의 역할이 바로 이런 학생들의 숨은 능력을 발견하는 일인 것 같아요. 아이들을 재발견하면서 교실에서의 일제식 수업보다는 좀 더 자율성을 주는 방향으로 수업에도 변화가 있었죠.

- 박지선 기자, 《한국일보》〈고딩럽〉 2012.4.18. 15면

이문펜, 피터팬처럼 날아오르다

매일 오전 7시 40분에 등교해 오후 11시까지 공부하는 청소년들이 좀처럼 가질 수 없는 것들이 있다. 책을 읽을 시간, 친구들과 추억을 쌓을 시간 그리고 자신만의 구체적인 꿈을 생각해볼 시간 등이다. 하지만 대전이문고등학교의 이문펜 동아리 아이들은 성인들보다도 바쁜 하루 일과 속에서도 동아리 활동으로 이 모든 것을 누리고 있어 행복하다. 문화NGO 홀로하의 임민택 대표가 이들을 만났다.

김수민(19) 군은 "친구들은 대입 공부 때문에 책 읽을 시간이 없고, 동아리 활동은 더더욱 힘들다고 한다"라며 "하지만 이문펜 동아리에 참여하면서 오히려 공부에 도움이 많이 됐다"라고 말했다. 김 군은 또 "책을 읽고 토론하고 글로 정리하면서 사고가 깊어진 것 같다. 수업을 듣거나 문제를 볼 때도 본질을 보게 되니 수업 시간과 공부가 즐거워졌다"라고 자랑했다.

동아리 때문에 꿈을 찾았다는 김다은(19) 양은 "사실 우리 학교가 다소 왜진 곳에 위치하고 있다. 누군가의 지원 없이 삶의 멘토들을 만나고 다양한 외부 경험을 해보기가 매우 어렵다"라며 "그러나 동아리를 통해 타지역의 각종 대회에 참석하고, 많은 사람들을 만나게 되면서 새로운 세계를 보게 된 것 같다. 덕분에 추억도 쌓고, 장학금도 타고 또 나만의 꿈을 찾게 됐다"라고 말했다.

이어 김현지(19) 양도 "구체적인 꿈을 꾸게 됐다"라고 말했다. 김 양은 "나는 단지 막연한 꿈을 가진 수험생이었다. 하지만 온드림스쿨 기자 멘토님을 통해 직업 이야기를 듣게 되면서, 국제부 전문기자가 돼야겠다는 목표를 세우게 됐다. 그렇게 대학입시만을 위한 공부는 나의 꿈을 위한 행복한 도전으로 바뀌었다. 친구들은 대입 공부만으로도 시간이 부족하다고 하지만 동아리는 제 인생에 커다란 날개를 달아준 가장 중요한 공부였다"라고 밝혔다.

이문펜 동아리 담당 교사인 방경태 선생님은 "초반에는 동아리 운영이 힘들었지만 정몽구재단의 지원을 4년째 받으며 다양한 활동이 가능해졌고, 이제는 동아리 지원자가 넘쳐서 선발하고 있다. 공부에 방해가 된다는 고정관념들이 많았지만 큰 변화들 또한 많았다. 꿈을 찾은 아이, 태도와 성적이 바뀐 아이, 장학금 받은 아이, 추억이 많아진 아이 등 심지어는 입시에 도움이 되는 생활기록부까지도 풍성해졌다. 실제로 이런 일들을 통해 대학에 합격한 선배들이 가끔씩 찾아와 동아리의 고마움에 대해 이야기하곤 한다"고 말했다.

김다은 학생은 "장학금을 주셔서 우리 가족 모두가 감사하다고 엄마가 꼭 전해드리라고 했는데, 인터뷰를 통해 재단에 이렇게라도 전하고 싶다"며 미소 지었다.

인터뷰 내내 인성과 진로의 두 마리 토끼를 잡은 행복한 아이들의 모습을 보았다. '입시공부 편식'만이 정답이 아님을 보여주었다.

대전이문고등학교(교장 홍치영)는 대전의 외각 지역에 위치했으나 학력신장 우수학교 최우수상, 학교평가 최우수 학교 등에 선정된 우수학교다. 이문-펜(IMUN-PEN) 동아리는 독서, NIE, 봉사활동, 문화예술활동,

역사(독도) 관련 활동 등을 주축으로 아이들에게 행복의 날개를 펼쳐주고 있다.

이처럼 이문펜 등 전국에서 선발된 236개의 중·고등학교의 동아리를 지원하고 있는 현대차 정몽구재단(이사장 유영학)의 온드림스쿨 동아리 프로젝트 프로그램은 진로설계 및 창의성, 인성 함양, 사회공동체의 일원으로서의 자질 함양을 목표로 연간 동아리 활동비 지원, 진로멘토링 프로그램 제공, 온드림 써머스쿨 및 각종 재단행사 참여기회 제공을 통해 청소년들의 꿈과 행복을 지원하고 있다.

- 최영경 기자, 《국민일보》 2016. 09. 23. 인터넷판

│ 앞으로도 교육자의 역할을 해낼 것

대한민국의 교사라면 한 번쯤 도전해보고, 수상하고 싶은 상이 있다. 바로 눈높이 교육상이다. 눈높이 교육상은 30년이라는 역사와 전통을 자랑하고, 대한민국 교육상 중에서 가장 권위 있는 상이라고 알려져 있다. 하지만 그 만큼, 그 상을 수상하기란 쉽지 않다. 엄격한 1차 서류 심사와 현장 실사 및 본 심사를 마쳐야 비로소 눈높이 교육상에 어울리는 수상자를 확정하는 것이다. 이 심사에서 변함없는 열정과 투철한 교직관을 가지고 배움과 성장이 있는 지속적인 교과교육활동을 전개함과 동시에 연구개발 및 교원 전문성 향상을 위해 노력한 것을 인정받아 중등교육부분에서 수상을 거머쥔 자랑스러운 동문이 있다. 바로 방경태(국어국문과 85졸) 동문이다.

방 동문은 우리 대학을 졸업하고 1986년 9월부터 한강실업학교에서 3년 6개월동안 근무한 후, 1990년 3월 현재 근무 중인 대전이문고등학교로 전근하여 32년간 국어교사로 근무하고 있다. 그동안 독서교육, 리더 육성, 향토역사문화교육 등으로 자신의 학생들을 성심성의껏 지도했다. 방 동문은 "그저 교사로서 해야 할 일들을 즐기면서 성실하게 근무했을 뿐인데 큰 상을 받은 것 같아 책임감과 부담감이 컸지만 앞으로 수상자로서의 자긍심을 가지고 교육자답게 살아가고자 한다"고 말했다.

대한민국 교육의 질 향상을 위한 그의 노력

방 동문은 독서문화 교육환경 개선, 향토역사문화활동, 독서 수업모형 개발, 각종 연구개발 프로젝트에서 열정적으로 활동하는 등, 교육의 질 향상을 위해 많은 노력을 했다. 특히, 학생들과 사제동행하는 향토역사문화교육 및 독도교육을 통해 학생 생활지도의 새로운 지평을 열기도 했다.

이렇게 방 동문은 학생들과의 꾸준한 교류를 통해 긴 교사생활 동안 많은 업적을 이뤄내고, 그에 따라 색다른 추억을 쌓았다고 한다. 그는 가장 기억에 남는 일은 2013년 8월, 한국교원대학교에서 펼쳐진 '2013년 온드림 섬머스쿨'에서 있었던 일이라고 한다. 입시를 앞둔 고등학생들이 바쁠 법도 한데 자율학습 후에 스스로 모여 곡을 선정하고, 안무를 짜고, 서로를 챙겨주면서 빈 교실 혹은 화장실 거울 앞에서 열정적으로 연습했던 그 모습을 잊을 수 없다고 했다.

그 다음으로 방 동문에게 기억에 남는 일은 학생들과 함께한 해외유적 답사라고 한다. 그는 "단재 신채호 해외유적 답사를 다녀오고 곧바로 대전시교육청 주최로 이루어진 러시아 해외독립운동가 유적지 답사에 학생들을 인솔하게 됐다. 학생들과 나눈 사소한 대화 하나까지도 추억으로 남게 됐다"고 했다. 나아가 "코로나19가 확산되면서 학생들과 함께 하는 해외유적 답사 길이 막히다 보니 더 소중한 추억이 됐다"고 덧붙였다.

교사를 꿈꾸는 후배들에게, "간절함을 가져라!"

요즈음 교사공채가 고시라는 말이 나올 정도로 교사가 되기란 쉽지 않다. 또한 전문가들도 인구절벽과 인공지능의 발달 등의 다양한 이유로 앞으로 교사라는 직업은 매력이 없다고들 한다. 하지만 그럼에도 불구하고 교사를 꿈꾸는 학우들이 있을 것이다. 특히 학창시절에 좋은 추억이 있고 은사님에게 뜻깊은 가르침을 받았다면 이를 더욱 갈망할 것이다.

방 동문은 교사를 위해 정진하는 학우들에게 "간절함을 가져라"라고 말했다. 그는 "꼭 교사가 되고 싶다면 '얼마나 간절한가'를 한 번 생각해 볼 일이다. 간절함이 열정을 이기고, 간절함이 성공을 이끈다. 미쳐야 성공하고 미치지 않으면 성공하지 못한다고 한다"고 말했다.

교사를 목표로 하는 학우들이 있다면, 방 동문의 말을 가슴 깊게 새겨보기를 권한다. 그의 가르침대로 정진하다 보면, 분명 꿈을 이룰 것이고 대한민국의 교육을 위해 힘쓰는 자신을 발견할 수 있을 것이다.

- 박수빈 기자, 《대전대신문》 2021.10.14. 7면

끝없는 열정과 탐구,
36년 교직 이끈 원동력

교학상장(教學相長). 가르치고 배우면서 성장한다는 뜻이다.

이 같은 신념을 36여 년간 지키며 학생들과의 소통을 위해 동아리를 직접 운영하고, 새로운 교육 정책 등에 끊임없이 도전해온 교사가 있다.

바로 방경태 대전이문고등학교 국어 교사다.

대학 졸업 후 1986년 한강실업학교에서 3년 6개월 근무 후, 1990년 대전이문고로 전근한 그는 '에듀테크 선도 학교', '고교학점제 실천 학교', '인공지능 융합·교육 중심 학교' 등 각종 연구개발 프로젝트를 담당하며 큰 성과를 거두고 있다.

또 지역사회와 연계한 '향토 역사 문화 동아리'와 '독도 사랑 동아리' 등을 운영하며 학생들과 활발한 소통 활동은 물론, 사제 간의 관계를 돈독히 하며 지역 인재를 육성하고 있다.

이처럼 변함없는 열정과 투철한 교직관으로 배움과 성장이 있는 지속적 교과교육활동을 전개해온 그는, 지난달 교육 분야에서 가장 권위 있는 상으로 꼽히는 '눈높이 교육상'을 받기도 했다.

하지만 방 교사는 그저 교사로서 해야 할 일들을 즐기며 성실히 근무해온 것뿐이라며 겸손한 모습을 보였다.

끝없는 도전으로 학생들의 미래를 이끌어가는 그를 만나, 그 비결과

교육철학에 대해 들어봤다.

먼저 어쩌다 교사를 하게 됐는지?

어머니께서 무학이셨고 농사를 지었지만, 아들에 대한 교육관과 열정만큼은 남달랐다. 어머니의 열의가 삶의 지표로 작용한 것 같다. 또 초등학교 때부터 교실 환경미화 정리나 학급문집 만들기 등의 활동을 앞장서서 하고는 했는데, 생각해보면 적성에 맞지 않았나 싶다. 교사가 된 지금도 그때의 일들을 즐기면서 하고 있다.

학생들의 수많은 수상을 이끈 것으로 알고 있다. 그 비결과 본인만의 교육철학이 있다면?

저는 교내외 수많은 공모전 중 학생의 진로와 적성에 맞는 것을 골라 집중과 선택을 한다. 본인에게 맞는 활동을 하며 학생들도 자연히 재미를 느끼고, 한번 상을 받아 성취감을 맛본 친구들은 앞장서서 다른 일에 또 도전하겠다는 의지를 보여주기도 한다. 저는 옆에서 그 모습을 조용히 지켜보며, 아이들이 힘들어할 때 격려하고 조언한다. 학생들이 주도적으로 할 수 있는 분위기를 조성하고자 하는 것이다. 하늘은 스스로 돕는 자를 돕는다고 했다. 이렇게 서로가 열심히 최선을 다하다 보니 운이 따라온 것으로 생각한다.

교육철학. 너무 방대하고 큰 질문이지만, 교육의 기본은 끝없는 열정과 탐구라고 생각한다. 다리미가 먼저 뜨겁게 달궈져야만 구겨진 옷을 잘 다릴 수 있듯, 교사가 먼저 열정을 갖고 끝없이 탐구하며 달궈져야 한다고 생각한다. 가르치고 배우며 서로 성장하는 '교학상장', 이것이 교사로서의 기본 철학이라고 생각된다.

이러한 노력과 신념의 결과로 지난달 눈높이 교육상을 받았다. 소감과 주변 반응이 궁금하다.

눈높이 교육상은 30년이라는 역사와 전통을 자랑하는, 우리나라 교육상 중 가장 권위 있는 상으로 알려졌다. 그래서 교사라면 한 번쯤 도전해보고 받고 싶은 상이며, 저 또한 그랬다. 기대를 하지 않은 것은 거짓말이지만, 정말 수상자로 확정돼 각종 언론에 보도되고 마치 연예인이 된 것처럼 격려와 축하 세례를 받다 보니 감사하고 기쁜 것이 이루 말할 수 없었다.

그러나 그 기쁨 못지않게 큰 상에 대한 책임감과 부담감 또한 큰 것도 사실이다.

앞으로 큰 상에 누가 되지 않게 남은 교직 기간 최선을 다해 더 열심히 가르치고 더 모범이 될 수 있도록 노력하리라 다짐했다. 평생 눈높이 교육상 수상자로서 자긍심을 가지고 진짜 눈높이 교육자답게 살아가고자 한다.

교직 생활을 하면서 가장 기억에 남는 일은 무엇인가?

학생들과 수많은 추억이 있지만, 그중 가장 기억에 남는 일은 지난 2013년 8월 한국교원대학교에서 열린 '온드림 서머스쿨'이다. 그때나 지금이나 입시를 앞둔 고등학생들은 너 나 할 것 없이 동아리 활동을 할 시간이 부족하다. 그런데도 당시 제가 맡았던 이문쌤 동아리 부원들은 여름방학 때부터 보충수업이 끝나고 자율학습 후에 스스로 모여 곡을 선정하고 안무를 짜며 빈 교실에서 혹은 화장실 거울 앞에서 열정적으로 연습했다. 그 모습을 잊을 수가 없다.

서머스쿨 신청 마감을 하루 앞둔 전날 밤, 학생들은 밤을 새우며 간신히 접수를 마쳤고 이것이 예선을 통과해 전국 80여 개 중고등학교 동아리 가운데 가장 큰 박수갈채를 받았다. 모두의 우레와 같은 호응과 박수를 받으며 가슴 벅찬 감동을 아마 학생들도 느꼈을 거다.

바보는 천재를 이길 수 없고, 천재는 노력하는 자를 이길 수 없고, 노력하는 자는 즐기는 자를 이길 수 없다는 말을 실감케 한, 참 오래도록 감동으로 기억되는 위대한 여름밤의 추억이다.

이 밖에도 2000년 대전시 사립학교 최초로 교육자료전에서 특상을 받고 전국 대회 2등급에 입상했을 때, 2010년 스승의 날에 국무총리 유공자 표장을 받은 것, 2019년 '제10회 전국단재청소년글짓기대회'에서 지도교사 상을 받았던 일 등의 기억이 아직도 새록새록 하다.

학생들과 추억을 쌓으며 오랫동안 현직에 근무한 만큼, 후배 교사들에게 할 말도 많을 것 같다.

'참 교사'에 대한 간절함이 있다면 꿈을 버리지 말고 최선을 다하고, 간절히 도전하면 성공할 수 있다고 확신한다. 학생들의 특기적성 개발 못지않게 선생님들도 삶의 목표를 세우고, 교과목을 가르치는 것 외에도 학생들과 함께 할 수 있는 특기적성을 개발해 교과목과 연계시켜 교직활동을 즐기길 바란다. 그러다 보면 더욱 재밌고 즐겁게 학교생활을 할 수 있을 것이다.

마지막으로 학생들에게 하고 싶은 말이 있다면.

아이들이 대학입시를 앞두고 할 일이 많아 시간이 부족한 것을 잘 안다. 그럼에도 각계각층에서 주인공이 돼줬으면 하는 마음으로, 행복한 오피니언 리더가 돼줬으면 하는 선생님의 바람으로 지도한 활동에 슬기롭게 잘 이겨내며 동행해줘서 고맙다.

특히 동아리 활동을 같이하면서 이문펜을 고문펜이라 일컬으면서도, 대학에서 과 대표로 활동하는 등 어느 순간 모둠에서 멘토가 돼 있는 아이들을 보며, 너희들이 있어 행복했고 보람이 있었다고 말하고 싶다.

너희들이 있었기에 36년을 버틸 수 있었고 이번에 큰 상까지 받을 수 있었다.

졸업 후 사회에서도 열심히 독서하고 건강하게 성장할 충분한 자양분을 공급받으며, 품격있는 시민으로 계속 성장해주길 바란다. 그러다 보면 넓고 큰 이 세상도 어느덧 너희들이 중심이 되고 너희들 세상이 될 거라고 전하고 싶다.

나와 함께 공부했다는 것이 자랑스럽고 또 자랑스럽다. 다시 한번 나의 제자들에게 전하고 싶다. 고맙고 감사하다.

- 김지현 기자, 《굿모닝충청》 〈굿모닝 충청인〉 2021.12.05. 인터넷판

강산이 변한 10년의 인연

중도일보가 창간 71주년을 맞았다. 지역민들과 상생하며 지역을 더 나은 길로 이끌기 위해 걸어온 시간이다.

대전·충청인과 희로애락을 함께해 온 중도일보는 독자의 목소리를 가까이 듣기 위해 늘 한 발짝 더 다가갔다. 정보를 전달하고 권력을 감시하는 언론의 기본 역할을 게을리하지 않으며 지역의 인물을 조명하고 새로운 아젠다를 제안하는 등 지역사회 발전에 적극적으로 나섰다. 곳곳에서 벌어지는 갈등의 중재자로서 지역사회 통합에 힘쓰고 다양한 교육문화사업을 개최해 소통의 장을 마련했다.

중도일보 71년의 시간은 곧 독자와 함께한 기록이다. 창간 71주년을 맞아 역사의 조각을 함께한 8명의 독자들과 그 인연을 공유하는 것도 그 때문이다. 독자와 함께한 시간을 되돌아보고 더 많은 독자들과 그 의미를 나누기 위해 10대부터 80대까지 세대별 독자 한 명씩을 만났다. 〈편집자 주〉

10년을 훌쩍 넘긴 지금도 한번 맺은 중도일보와의 인연의 끈을 놓지 않고 이어온 이가 있다.

그 주인공은 대전이문고 방경태 교사(59)다.

방 교사와 중도일보의 인연은 2012년으로 거슬러 올라간다. 그는 10

매 남짓한 '교육단상' 칼럼 속에 교사로서의 사명감, 그리고 책임감 등 그의 교단 일기, 학교 현장의 목소리를 담았다. 이듬해 2013년부터는 이문고 학생들을 총괄하며 중도일보의 신문제작체험 NIE에 참여해 현재까지 인연을 이어오고 있다.

방 교사는 중도일보와의 인연 속에서 가장 기억에 남는 것으로 '독도 신문'을 떠올렸다. 2017년 8월 학생들과 독도를 사랑하는 마음을 담아 우리 중도일보에서 '독도 신문'을 제작해 그해 10월 교육부 장관상을 받기도 했다. 학생들과의 소통을 위해 동아리를 직접 운영하고, 새로운 교육 정책 등에 끊임없이 도전해온 결과물이기도 하다.

그런 만큼 중도일보와의 인연의 무게는 결코 가볍지 않다.

칼럼의 글들은 어느 한 학교의 수업 재료로 활용하는 등 누군가 읽고 활용되는 거에 대한 기쁨도 적지 않다.

방 교사는 그동안 중도일보와 인연을 '강'으로 표현하고 있다. 10년 넘게 인연의 강을 건너왔다면, 이제는 펼쳐낼 것이라는 게 그의 포부다. 중도일보와 깊이 피어난 인연의 글들을 묶어 올해 교육 에세이 단행본을 발간할 계획도 갖고 있다.

방 교사는 "교육단상을 첫 시작으로 동아리 활동, NIE 교육 등 참 오랜 인연을 이어오고 있다"며 "NIE 교육은 글쓰기뿐만 아니라 사진, 편집 종합적으로 융합 교육을 할 수 있다는 점에서 인문 사회 계열에서 가장 적합한 교육이다. 그동안 그래왔듯이 영원한 중도맨"이라고 말했다.

- 박수영 기자, 《중도일보》 2022. 09. 01. 19면